A Análise e o Arquivo

Transmissão da Psicanálise
diretor: Marco Antonio Coutinho Jorge

Elisabeth Roudinesco

A Análise e o Arquivo

Tradução:
André Telles

Revisão técnica:
Marco Antonio Coutinho Jorge

ZAHAR

Para Peter Hildebrand,
que tanto me ajudou na pesquisa dos arquivos, em memória

Tradução autorizada da primeira edição francesa
publicada em 2001 por Bibliotèque National de France, de Paris, França

Título original
L'Analyse, L'Archive

Capa
Sérgio Campante

Preparação
Maria Angela Vilella

Revisão tipográfica
Eduardo Faria
Perla Serafim da Silva

CIP-Brasil. Catalogação na fonte
Sindicato Nacional dos Editores de Livros, RJ

Roudinesco, Elisabeth, 1944-
R765a A análise e o arquivo / Elisabeth Roudinesco; tradução André Telles; revisão técnica Marco Antonio Coutinho Jorge. — 1ª ed. — Rio de Janeiro: Zahar, 2006.

(Coleção Transmissão da Psicanálise)

Tradução de: L'Analyse, L'Archive.
Conferências pronunciadas no auditório da Bibliotèque Nationale de France.
ISBN 978-85-7110-901-8

1. Lacan, Jacques, 1901-1981. 2. Psicanálise. 3. Self (Filosofia). I. Título. II. Série.

CDD: 150.195
05-4130 CDU: 159.964.24

EDITORA SCHWARCZ S.A.
Praça Floriano, 19, sala 3001 — Cinelândia
20031-050 — Rio de Janeiro — RJ
Telefone: (21) 3993-7510
www.companhiadasletras.com.br
www.blogdacompanhia.com.br
facebook.com/editorazahar
instagram.com/editorazahar
twitter.com/editorazahar

Sumário

1

O poder do arquivo[1]

Escolhi como tema "A análise e o arquivo", evocando assim numa mesma locução a análise dos textos e o processo do tratamento psicanalítico. A análise e o arquivo, e não a "psicanálise do arquivo" ou o "arquivo da psicanálise". Embora, numa primeira abordagem, o elo entre as três conferências talvez não seja aparente, existe um fio condutor entre "O poder do arquivo", "O estádio do espelho" e "O culto de si e as novas formas de sofrimentos psíquicos".

Se, como veremos, o poder do arquivo é tanto mais forte quanto mais ausente for o arquivo, existe efetivamente um elo entre a primeira e a segunda conferências. Com efeito, a teoria lacaniana do estádio do espelho desenvolveu-se a partir de 1936 fundamentando-se numa conferência cujo conteúdo desapareceu: uma conferência inacessível, retirada por seu autor das atas de um congresso internacional que se realizava em Marienbad. Por conseguinte, esse texto conquistou seu lugar graças aos vestígios por ele deixados no conjunto do *corpus* lacaniano, isto é, a

---

[1] Conservei aqui o estilo falado das conferências.

fragmentos depositados aqui e ali por Lacan, depois reconstituídos pelo historiador, por mim no caso, a partir de depoimentos e notas.

Quanto à questão do culto de si, ela se relaciona ao mesmo tempo com o arquivo e a psicanálise e, mais precisamente, com o surgimento, durante o último quarto do século XX, de um "arquivo de si", de um culto do narcisismo que põe em primeiro plano, contra e para além do tratamento psicanalítico, uma prática de auto-análise ou de autoterapia, fundada numa valorização da imagem de si.

Ora, Lacan captara essa dialética em sua famosa conferência de 1936 sobre "o estádio do espelho". Eis, portanto, a conexão que une essas três intervenções.

Gostaria que essa primeira conferência fosse também uma homenagem prestada a Jacques Derrida. Foi em junho de 1994 que organizei com René Major um colóquio no Freud Museum de Londres sobre a questão dos arquivos da psicanálise e do arquivo em geral. Naquela ocasião, num texto publicado depois, *Mal de arquivo*,[2] Derrida exprimiu-se sobre o poder "arcôntico" do arquivo, sobre o poder de mandamento, justamente quando comentava um livro que um grande historiador, Yosef Hayim Yerushalmi, acabava de dedicar ao *Moisés* de Freud: *O Moisés de Freud: judaísmo terminável e interminável*.[3] A partir daquela data, eu própria

[2] Jacques Derrida, *Mal d'archive*, Paris, Galilée, 1995 [ed. bras.: *Mal de arquivo*, Rio de Janeiro, Relume-Dumará, 2001].

[3] Sigmund Freud, *Moisés e o monoteísmo* (1939), ESB, vol.23; Yosef Hayim Yerushalmi, *Freud's Moses, Judaism Terminable and Unterminable*, Yale, 1991 [ed. bras.: *O Moisés de Freud*, Rio de Janeiro, Imago, 1991].

refleti sobre a questão do arquivo em psicanálise, a maneira de constituir um arquivo, a "relação trágica e inquieta", como diz Derrida, que se pode manter com o arquivo, com o espectro do arquivo absoluto, com essa idéia louca segundo a qual podemos arquivar tudo. Existe em todo historiador, em toda pessoa apaixonada pelo arquivo uma espécie de culto narcísico do arquivo, uma captação especular da narração histórica pelo arquivo, e é preciso se violentar para não ceder a ele. Se tudo está arquivado, se tudo é vigiado, anotado, julgado, a história como criação não é mais possível: é então substituída pelo arquivo transformado em saber absoluto, espelho de si. Mas se nada está arquivado, se tudo está apagado ou destruído, a história tende para a fantasia ou o delírio, para a soberania delirante do eu, ou seja, para um arquivo reinventado que funciona como dogma.

Entre esses dois impossíveis, que são como dois limites de uma mesma interdição – interdição do saber absoluto, interdição da soberania interpretativa do eu –, não há como não admitir que o arquivo (destruído, presente, excessivo ou apagado) é a condição da história. Para resumir, diremos que a obediência cega à positividade do arquivo, a seu poder absoluto, leva tanto a uma impossibilidade da história quanto a uma recusa do arquivo. Em outros termos, o culto excessivo do arquivo resulta numa contabilidade (a história quantitativa) destituída de imaginação e que proíbe que possamos pensar a história como uma construção capaz de suprir a ausência de vestígios. Quanto à negação do arquivo, de seu peso interiorizado como memória subjetiva, ou como herança genealógica, ela corre o risco de conduzir a um delírio que reconstruiria o espelho do arquivo à maneira de um dogma. A relação do historiador com o arquivo é da mesma ordem que a do assassino com seu ato. Parodiando Freud (no *Moisés*), eu diria que o difícil não é executar o ato criminoso, mas apagar seu vestígio: o genocídio dos judeus pelos nazistas é a prova disso. Tudo foi feito para que o vestígio desse ato fosse apagado, e, no entanto, ele retornou aonde não era esperado. Sob esse aspecto, a ausência de vestígios ou a ausência de arquivo é tanto um vestígio do poder do arquivo quanto o excesso de arquivo.[4]

▪

Em se tratando de Freud, a obra escrita estava consumada no momento de sua morte. Em 1939, as correspondências, abundantes, ainda não estavam reunidas, mas sabia-se que não estavam em absoluto perdidas. Produzia-se então, no movimento psicanalítico, uma vontade forte e combinada de escrever história, fazer viver a obra de Freud e transmiti-la.

Ernest Jones foi o artesão dessa empreitada historiográfica, primeiramente porque redigiu a biografia do mestre,[5] depois porque consolidou a posição da escola inglesa no mundo. Era seu fundador e a havia concebido como um contra-

---

[4] O filme de Claude Lanzmann, *Shoah*, em que não se vê nenhum vestígio do genocídio, mostra claramente que se pode reviver um acontecimento apenas pela força da palavra e do testemunho, isto é, por uma construção interpretativa.

[5] Ernest Jones, *The Life and the Work of Sigmund Freud*, Nova York, Basic Books, 1981 (1953-58), 3 vols. [ed. bras.: *A vida e a obra de Sigmund Freud*, Rio de Janeiro, Imago, 1989, 3 vols.].

poder diante da poderosa escola norte-americana, reforçada desde 1933 pela chegada dos emigrantes europeus, sobretudo vienenses. Daí um duplo movimento: os emigrantes queriam conservar os vestígios de uma Europa varrida pelo nazismo e, assim, fazer reviver o Freud da juventude deles e de suas lembranças vienenses, enquanto Jones, líder político da International Psychoanalytical Association (IPA), fundada em 1910, buscava garantir a preeminência política e geográfica da Grã-Bretanha e da escola inglesa de psicanálise ante o gigante americano. Ao se naturalizar inglesa depois de sua emigração em 1938, Anna Freud sentia-se dividida entre seu amor pelos emigrantes vienenses – que haviam, em sua maioria, adotado a cidadania norte-americana – e seu apego à vida de Londres – que a acolhera ao lado do pai.

Houve então dois grandes locais de depósito de arquivos e de atividades historiográficas depois da Segunda Guerra Mundial: Washington e Londres. No que se refere à tradução da obra de Freud e ao empreendimento biográfico, Londres triunfou sobre Viena e, principalmente, sobre a diáspora vienense: Jones foi o historiador do movimento e James Strachey, o responsável pela tradução completa das obras de Freud, a famosa *Standard Edition*, muito mais lida hoje em dia que os *Gesammelte Werke* ou os *Gesammelte Schriften*.[6]

[6] Sigmund Freud, *Gesammelte Werke* (GW), 17 vols., Imago Publishing Co (Londres, 1940-52), Frankfurt, Fischer, 1960-88; *Index*, vol.XVIII, e *Nachtragsband*, volume de suplementos realizado por A. Richards e Ilse Grubrich Simitis, Frankfurt, Fischer, 1987; *The Standard Edition of the Complete Psychological Works of Sigmund Freud*, editada por James Strachey, 24 vols., Londres, Hogarth Press, 1953-74.

Foi na Library of Congress (LoC) de Washington que foram depositados os arquivos. E foi inicialmente Siegfried Bernfeld, emigrante vienense, que concebeu o projeto dessas *Freudiana*, após ter tentado em vão escrever a biografia de Freud. Depois foi Kurt Eissler quem realizou esse sonho ao criar o departamento dos manuscritos de Freud.

Entre os representantes da terceira geração mundial[7], Kurt Eissler permaneceu o mais vienense dos psicanalistas norte-americanos. Possuía um maravilhoso senso de humor e dedicou sua vida a defender a doutrina original de Freud, a ponto de adotar, por gosto pela provocação, uma atitude de franca rebelião contra qualquer afirmação do pós-freudismo. Sua ortodoxia tinha assim o aspecto de um conservadorismo flamejante. Eissler manifestou grande hostilidade contra a escola americana, que criticava por ter abandonado a subversão freudiana e a análise leiga. Entretanto, nunca deixou de se colocar como o garante de uma fidelidade infalível aos ideais da IPA. Além disso, mesmo se comportando como um guardião do templo no seio dos Sigmund Freud Archives (SFA), por ele criados e cuja direção entregou à LoC, não hesitou em enfrentar os aspectos mais transgressivos da prática política e intelectual. Nessa perspectiva, assumiu o risco, em 1973, de defender os rebeldes da Rote Armee Fraktion (Fração Armada Vermelha) agrupados na Alemanha em

---

[7] A terceira geração mundial é composta por aqueles que nunca conheceram Freud (Lacan, Winnicott, Kohut etc.). Ver Elisabeth Roudinesco e Michel Plon, *Dictionnaire de psychanalyse*, Paris, Fayard, 1997 [ed. bras.: *Dicionário de psicanálise*, Rio de Janeiro, Jorge Zahar, 1998].

torno de Andréas Baader. Provavelmente era sensível à luta deles contra o que restava do nazismo num país em que o movimento psicanalítico fora, como em Viena, completamente dizimado.

Após a Segunda Guerra Mundial, instalado em Nova York, Eissler reuniu para a SFA numerosos documentos sobre a saga freudiana: cartas, textos ou entrevistas com os sobreviventes que haviam participado do movimento (Max Graf ou Wilhelm Reich, sobretudo). Com a concordância de Anna Freud, implantou uma política tão brilhante quanto desastrosa. Preocupado em classificar e organizar toda a memória de um mundo engolido do qual conhecera apenas os últimos momentos, recusou aos historiadores profissionais o acesso aos arquivos a fim de preservar intacta a imagem do mestre falecido. Eissler tinha uma concepção "soberanista" do arquivo, no sentido em que este, embora depositado num local laico, garantido pelo Estado, era reservado exclusivamente aos membros de uma comunidade definida e constituída num reino soberano: a IPA. Dessa forma, o arquivo era "propriedade" dos psicanalistas formados no serralho do movimento freudiano. Os "outros", pertencentes a outro campo, outra nação, outra comunidade, estavam excluídos dele. Porém, dividida em "séries" (A, B, E, F, Z), a coleção "SF" – cujos direitos para publicação dependem do Sigmund Freud Copyrights (que representa os interesses financeiros dos detentores dos direitos, netos e descendentes de Freud) – acabou, ao longo dos anos, sendo aberta a todos os pesquisadores, isto é, àqueles "outros", àqueles estranhos à comunidade legítima que dela haviam sido excluídos.

Impuseram-se restrições às vezes justificadas e em conformidade com as leis em vigor, mas acrescentaram-se também proibições contestáveis e freqüentemente ridículas. Assim, a série Z, submetida a uma liberação progressiva que vai até o ano 2100, supostamente contém documentos sobre a vida privada de pessoas (pacientes, psicanalistas etc.), ao passo que, na realidade, permite esconder certos textos que nada têm de confidencial e outros que não comportam nenhuma revelação bombástica, ainda que lidem com segredos de família ou de divã. Ao que se somam documentos que não vemos por que estão ali: por exemplo, contratos de Freud com seus editores, trocas de cartas com uma organização esportiva judaica ou informações sobre Josef Freud já conhecidas dos historiadores. Logo, essa série está submetida a uma regulamentação aberrante, denunciada por pesquisadores, sobretudo por Patrick Mahony e Yosef Hayim Yerushalmi, por ocasião daquele famoso encontro de Londres em 1994.

Em sua conferência,[8] Yerushalmi mostra que a necessidade de esconder segredos de polichinelo leva a alimentar inúteis rumores e que a única maneira de evitá-los seria abrir todos os arquivos ditos "secretos" a fim de dar livre curso a todas as pesquisas. Yerushalmi lembra a frase de Lord Acton: "Fechar os arquivos aos historiadores significaria entregar sua história a seus inimigos." E conclui: "Vivemos numa época em que a informação, em todos os domínios, embalsama-nos sob um dilúvio ao qual a pesquisa sobre Freud

[8] Yosef Hayim Yerushalmi, "Série Z: une fantaisie archivistique", *Le Débat* 92, nov-dez 1996, p.141-52.

não escapa. Esta última tornou-se uma indústria em si. O controle de ordem estritamente bibliográfica de seus produtos é doravante, por assim dizer, impossível."

▪

A historiografia oficial desenvolvida por Eissler supõe não uma ausência de arquivo, mas um excesso de arquivo. Nessa perspectiva, o arquivo é depositado como um saber absoluto que deve ser censurado. O vestígio é tão sacralizado que deve ser dissimulado: o excesso de arquivo vai portanto de par com a censura do arquivo. Prova disso é a maneira como foi editada, em 1950, por Ernst Kris e Anna Freud, uma versão expurgada da correspondência de Freud com Fliess, conhecida na França sob o título *La naissance de la psychanalyse*.[9] Marie Bonaparte adquirira essa correspondência de um negociante: só subsistiam as cartas de Freud, o qual havia destruído as de Fliess. Agindo contra a opinião do mestre, que se opunha à publicação e ao arremate de suas cartas, a princesa resistiu-lhe, argumentando que aquele arquivo fazia parte de um patrimônio cultural e que era, além disso, necessário para a compreensão dos primórdios da psicanálise.

Entretanto, em 1950, os herdeiros publicaram essa correspondência, pretendendo respeitar a vontade de Freud. Suprimiram o que supunham que Freud teria desejado censurar, isto é, sua intimidade. Cento e quatro cartas foram

[9] Sigmund Freud, *La naissance de la psychanalyse* (Londres, 1950), Paris, PUF, 1956.

então descartadas para publicação. Segundo os editores, elas relatavam fragmentos da vida pessoal de Freud que não esclareciam nem invalidavam seu procedimento científico. Na verdade, censuraram-se fatos de importância crucial para as origens da psicanálise, sobretudo a história de Emma Eckstein, uma paciente tratada por Freud e Fliess, cuja identidade seria revelada pela primeira vez por Max Schur.[10] Sabe-se agora que Emma Eckstein foi a primeira mulher da história a tomar pacientes em análise sob a supervisão de Freud. Também está presente no famoso sonho da injeção de Irma. Enfim, ela permitiu a Freud abandonar sua teoria da sedução e criar a noção de fantasia.[11]

Em virtude de manter o princípio soberano de uma história oficial e negar aos historiadores acesso aos arquivos, os herdeiros de Freud provocaram uma verdadeira tempestade nos SFA. Em 1980, com a concordância de Anna Freud, Eissler decidiu entregar a publicação integral das cartas de Freud a Fliess a um universitário norte-americano, Jeffrey Moussaieff Masson, devidamente formado no serralho da IPA. Ao mesmo tempo em que efetuava um verdadeiro trabalho de edição das cartas,[12] ele se pôs a decifrá-las interpre-

---

[10] Max Schur, *Freud Living and Dying*, Nova York, International Universities Press, 1972 [ed. bras.: *Freud: vida e agonia*, 3 vols., Rio de Janeiro, Imago, 1981].

[11] Abandonada em 1897, a teoria da sedução supõe que toda neurose tem como origem um trauma sexual real sofrido na infância. Ver, a esse respeito, Elisabeth Roudinesco, *Pourquoi la psychanalyse?*, Paris, Fayard, 1999 [ed. bras.: *Por que a psicanálise?*, Rio de Janeiro, Jorge Zahar, 2000].

[12] As cartas de Freud a Fliess foram publicadas em inglês e alemão: *The Complete Letters of Sigmund Freud to Wilhelm Fliess*, 1887-1904, Cambridge, The Belknap Press of Harvard University Press, 1985; *Briefe an Wilhelm Fliess, 1887-1904*, Frankfurt, Fisher, 1986 [ed. bras.: *Freud/Fliess: Correspondência completa*, Rio de Janeiro, Imago, 1986].

tando-as de forma selvagem, convencido de que encerravam uma verdade oculta, um segredo vergonhoso: o segredo de uma sedução encoberta. Assim, afirmou, sem a menor prova, que Freud renunciara por covardia à teoria da sedução. Não ousando revelar ao mundo as atrocidades cometidas por todos os adultos sobre todas as crianças, Freud teria, dessa forma, inventado a noção de fantasia para mascarar a realidade traumática do abuso sexual na origem das neuroses. O pai-fundador tornava-se, assim, suspeito não apenas de ser um falsário, mas o cúmplice de um crime cometido sobre o corpo das mulheres e das crianças. Aos olhos da América puritana, Freud foi transformado num personagem diabólico. Soberano mentiroso, às voltas com o tormento de um segredo patogênico, ele evocava aquele pastor culpado do romance de Nathaniel Hawthorne, *A letra escarlate* (1850). Assim, podia ser acusado de ter cientemente dissimulado crimes incestuosos a fim de preservar o poder patriarcal.

Em 1984, Masson publicou um livro sobre esse assunto, *Assault on Truth*,[13] que foi um dos maiores *best-sellers* psicanalíticos americanos da segunda metade do século. Contra os ortodoxos da teoria da fantasia, contra Eissler e Anna Freud, o livro vinha corroborar as teses de uma historiografia dita "revisionista" que questionava a soberania de uma história oficial.[14] Mas a "revisão" efetuada por Masson, longe de le-

---

[13] Jeffrey Moussaieff Masson, *Assault on Truth: Freud's Supression of the Seduction Theory*, Nova York, Pocket Books, 1984 [ed. bras.: *Atentado à verdade. A supressão da teoria da sedução por Freud*, Rio de Janeiro, José Olympio, 1984]. Ver também Janet Malcom, *In the Freud's Archives*, Nova York, Flamingo, 1984 [ed. bras.: *Nos arquivos de Freud*, Rio de Janeiro, Record, 1984].

[14] O termo é tomado aqui em seu sentido clássico de revisão da história oficial, não devendo ser confundido com o de negacionismo.

var a uma elucidação da verdade, ia no sentido de uma interpretação delirante do arquivo. Masson excedia o arquivo, como se este fosse uma espécie de real incontornável, um lugar de gozo, suscitando significações ilimitadas, impossíveis de conter ou simbolizar.

Transbordado pelo excesso de arquivo, Masson imaginava uma pretensa mentira freudiana que teria pervertido os Estados Unidos, transformando-se num aliado da colonização das mulheres pelos homens, do abuso de poder dos adultos sobre as crianças. Em suma, contra a censura imposta pela razão paterna e masculina, contra a sociedade corrompida por um segredo sexual inconfessado, Masson reinventava o mito de um Estados Unidos original, natural, feminino, bíblico, um Estados Unidos do Éden, anterior ao abuso sexual, um Estados Unidos para o qual o pecado original vinha de Adão, e não de Eva. Assim, era solicitado não apenas para perseguir os pais estupradores de crianças, como para combater os homens estupradores de mulheres, culpados de terem encoberto a hipocrisia freudiana, a hipocrisia da soberania masculina.

Embora tenha sido fortemente criticada pela maioria dos movimentos feministas, a tese da sedução traumática surge novamente como solução única para o enigma de uma sexualidade vivida como brutal e odiosa. À maneira de Masson, a célebre advogada Catharina MacKinnon também adotou a idéia da mentira freudiana, especializando-se em processos de assédio sexual nos quais tentava provar que todas as mulheres teriam sido, em sua infância ou vida adulta, vítimas de um abuso por parte dos homens. Propunha inclusive utilizar procedimentos diversos – investigações inquisitoriais, persuasão, hipnose, psicofarmacologia etc. – para descobrir, no inconsciente dos sujeitos, os vestígios de uma sedução recalcada. Daí a extensão de uma noção de etiologia puramente externa segundo a qual chegou-se a afirmar que a sexualidade seria, em si e sempre, um ultraje imposto ao corpo das mulheres.

Na esteira do caso Masson, a corrente revisionista norte-americana dedicou-se a uma desmontagem não apenas da doutrina freudiana, como do próprio Freud. Depois de ter sido assimilado a um cientista diabólico, foi acusado de relações abusivas dentro de sua própria família. Em 1981, Peter Swales, um autodidata, louco por arquivos, afirmou que Freud teria tido relações sexuais com sua cunhada Minna Bernays. Teria inclusive a engravidado, depois a obrigado a abortar. Em vias de preparar uma biografia de Fliess, ele pretendeu ter encontrado nos arquivos a prova de que este teria pretendido assassinar Freud.

▪

É difícil evocar os arquivos Freud sem falar do outro grande local de depósito de vestígios: o Freud Museum de Londres. Habitada por Freud em 1938, depois por sua filha Anna, essa casa é uma espécie de lugar pleno, opondo-se a um lugar vazio, isto é, à outra casa de Freud, situada em Viena.

Um dia Freud afirmou a Ernest Jones que sentia profunda aversão pela cidade de Viena: “No começo de minhas relações com ele, escreve Jones, e antes de conhecer sua aversão, disse-lhe um dia inocentemente que achava bem interessante morar em uma cidade tão cheia de idéias novas. Para minha grande surpresa, ele deu um pulo e me falou com secura: 'Já são cinqüenta anos que estou aqui e nunca encontrei uma idéia nova!'"

Sabemos que Freud não apreciava a Art Nouveau e que não manifestou nenhuma atração pelos pintores e artistas do grupo Secessão, preferindo se ater à arte clássica: o século XIX, a Grécia Antiga, os grandes autores, Goethe, Shakespeare, Cervantes. Do mesmo modo, permaneceu alheio à maneira como os surrealistas apreciavam sua obra e sua teoria.

Em 3 de junho de 1938, partiu de Viena pelo Expresso do Oriente para nunca mais voltar, deixando para trás suas quatro irmãs – Rosa Graf, Maria Freud, Adolfine Freud e Pauline Winternitz –, que iam morrer nas trevas da Solução Final. Freud levava com ele sua biblioteca, objetos, móveis, cartas e manuscritos: vestígios e lembranças de uma vida inteira. O apartamento da Berggasse 19 foi então completamente esvaziado, e tudo o que continha foi transferido para Londres, para sua nova casa do 20 Maresfield Gardens. Dez dias antes da partida, a pedido de August Aichhorn, Edmund Engelman, jovem fotógrafo vienense, tirou uma série de fotografias dos lugares ainda intactos. Utilizou uma Rolleiflex e uma Laica. Também obrigado a deixar Viena, entregou os negativos a Aichhorn, que os fez chegar a Londres: "Retornei a Viena, escreve Engelman, depois da partida do último locatário. Presenciei como os locais foram destruídos: subsistiam poucos vestígios de sua antiga dignidade; as belas estufas de faiança tinham desaparecido para darem lugar a horrorosos aparelhos de calefação." Reunidas num álbum,[15] as fotografias de Engelman traziam o testemunho vivo de quarenta e sete anos (1891-1938) de uma vida dedicada à ciência, à arte e à cultura.

Quando o historiador Henri Ellenberger esteve na Berggasse em 24 de agosto de 1957, constatou que a Federação Mundial de Saúde Mental mandara colocar uma placa em memória de Freud. Mas a inquilina do lugar lhe declarou: "É realmente aqui, mas não há mais nada para ver. Tudo foi mudado. Não posso mostrar nada ao senhor. As pessoas pedem para visitar o apartamento o tempo todo. É irritante. Já me queixei diversas vezes às autoridades pedindo que comprem o apartamento (dando-me outro). Mas dizem que não têm dinheiro."[16] Em 1969 foi fundada a Sigmund Freud Gesellschaft com o objetivo de restaurar o apartamento e ali criar um museu. Este contém apenas fotografias e os móveis da antiga sala de espera de Freud.

Em vida, Freud recusara a proposta feita pelo Conselho Municipal de Viena para dar seu nome à Berggasse. Após a Segunda Guerra Mundial, Viena não soube muito bem cultivar a lembrança de Freud: "A indiferença do público e sua hostilidade latente levam a pensar, escreve Peter Gay. Freud, que foi o primeiro a descrever os mecanismos da ambiva-

---

[15] *La Maison de Freud, Berggasse 19, Vienne*. Fotografias de Edmund Engelman e nota biográfica de Peter Gay (Nova York, 1976), Paris, Seuil, 1979.

[16] Henri F. Ellenberger, *Médecines de l'âme: essais d'histoire de la folie et des guérisons psychiques*, Paris, Fayard, 1995, p.92.

lência, decerto teria encontrado, nessa cidade que detestava mas não conseguia abandonar, material para estudar os sentimentos equívocos: Viena, parece, recalcou Freud."

Freud formou um museu pessoal graças à sua coleção de antigüidades. A bem da verdade, lera mais obras de arqueologia que de psicologia, sempre se mostrando sensível a uma temática da morte, do luto, dos funerais. Em sua coleção não figura nenhum objeto posterior ao Renascimento. Antigüidades gregas, latinas, chinesas, egípcias, são estas as preferências do fundador da psicanálise, que não sentiu atração alguma por qualquer forma de arte judaica e manifestou durante toda a sua vida uma espécie de horror pelo vazio vitoriano. Em sua casa, tudo devia ser preenchido com alguma coisa. Os móveis, as paredes e o divã foram forrados com enormes tapetes persas, almofadas, pinturas coloridas.

Freud misturava, sem classificá-los nem ordená-los, objetos de todas as origens: molde da Gradiva, cavaleiro chinês de terracota, gravura representando esfinge, múltiplas estatuetas romanas, chinesas, gregas, egípcias. Dispôs vinte delas à sua frente, sobre sua mesa de trabalho, com uma nítida preferência por personagens em posição ereta. Atribuía a cada estatueta uma personalidade própria e as amava como membros de uma família.

Viena é portanto o lugar de um museu vazio, que remete ao lugar vazio da psicanálise nesse país, uma psicanálise duas vezes vencida: em primeiro lugar, pela queda do Império Austro-Húgaro, depois pelo advento do nazismo. Após a Segunda Guerra Mundial, e a despeito das tentativas de alguns vienenses, a psicanálise não conseguiu se reconstruir na Áustria, e Anna Freud pôs a casa da Berggasse de "quarentena". Em Londres, o museu pleno é uma espécie de símbolo da resistência freudiana do continente europeu diante de um Estados Unidos que Freud detestava e que acabou por devorar sua descoberta. No entanto, esse Freud Museum, esse museu pleno, só pôde ser realizado com dinheiro americano.

Em 1980, a SFA adquiriu o terreno e a casa graças aos recursos que a New Land Foundation, criada por Muriel Gardiner, colocara à disposição de Anna. Em 1986, o Freud Museum abriu suas portas. Acessível aos visitantes que ali podem ver o divã de Freud, sua biblioteca, suas coleções, também contém diversos arquivos: vinte e cinco mil documentos, entre os quais fotografias, cartas e fotocópias de manuscritos e de correspondência cujos originais estão conservados na LoC. O museu de Londres é, portanto, um "museu do museu de Freud", e para que seja mais vivo, e possa se tornar rentável num país em que são raras as subvenções, seu arquivista, Michael Molnar, transformou-o em local de conferências, exposições e colóquios.

▪

A obra de Lacan é oral e, durante vinte e seis anos, foi enunciada através de uma palavra viva, ao longo de todo o famoso Seminário. Foi preciso a intervenção enérgica de um grande editor, François Wahl, para que fosse publicada a famosa suma dos artigos de Lacan (os *Escritos*), que, por sinal, não passavam de conferências transcritas e depois corrigidas.[17] Para o resto, o trabalho foi confiado à família herdeira – em especial o genro de Lacan – que adquiriu hoje um controle considerável não apenas jurídico sobre a obra lacaniana, como também interpretativo.

Os manuscritos, as notas e a correspondência não foram nem classificadas, nem repertoriadas, nem "depositadas". Não existem, e essa ausência de arquivo, tão tirânica quanto o excesso de arquivo, é o sintoma de uma história apagada ou de um processo de apagamento do vestígio, que permite com freqüência à comunidade lacaniana reconstruir uma soberania imaginária da obra e da pessoa de Lacan, fundada sobre a impossibilidade do luto da figura do mestre. Para os fiéis do lacanismo, tudo se passa como se Lacan fosse ele próprio o garante de uma história no futuro anterior, desde sempre escrita, uma história desde sempre traçada de toda a eternidade. Já que nenhum vestígio é acessível, isso parece significar que a obra de Lacan não tem fontes, história, origem. Do mesmo modo, o sujeito Lacan só existe de se ouvir-falar, pelos depoimentos frágeis e fantasiosos dados com belas palavras, histórias piedosas, rumores, anedotas.

Essa concepção a-histórica do texto é visível na maneira como o herdeiro legítimo, o genro de Lacan, Jacques-Alain Miller, co-autor da obra oral de seu sogro a partir de 1973, a

---

[17] Jacques Lacan, *Escritos* (Paris, 1966), Rio de Janeiro, Jorge Zahar, 1998. Relatei as condições em que François Wahl publicou os *Escritos* em *Jacques Lacan: esboço de uma vida, história de um sistema de pensamento* (Paris, 1993), São Paulo, Companhia das Letras, 1993.

transcreve. Ele faz dela um enunciado sem notas nem referências, como se esse enunciado ainda fosse pronunciado atualmente por um mestre vivo cujo luto não se consegue fazer. Tudo se passa, portanto, no seio dessa ordem familiar congelada no passado, como se Lacan estivesse agora fora do tempo, como se, por sua fala sempre vivaz e jamais historiada, pudesse escapar ao desgaste do tempo a ponto de se tornar imortal. Mas contra essa transcrição, outros transcritores, não legítimos – e condenados ao anonimato pela lei de 1957 – puseram-se, ao contrário, a investigar todos os vestígios que o transcritor legítimo pretende ocultar. Como conseqüência, acrescentam à obra oral, assim transcrita de forma clandestina, ou semiclandestina, um aparato de notas e referências de tal modo considerável que tende a encobrir o texto. Diante da ausência de arquivo, diante do seminário oficial, despojado de toda história, de todo contexto, de toda humanidade, eles tendem a fazer emergir um excesso de vestígios, e esse procedimento deve ser compreendido como o sintoma de um terror pela perda do arquivo e do poder soberano que atribuem ao mestre.

Dessa forma, à ausência de arquivo como sintoma de uma concepção dogmática da herança opõe-se uma tentativa inversa de investigação sistemática dos vestígios. Em virtude de recolher as notas dos ouvintes do seminário, em virtude de atribuir ao ensino oral de Lacan uma significação multidimensional, em virtude de lhe restituir, contra o dogma da ausência de arquivo, uma significação plural fundada na proliferação das nuances, das variantes, das referências, os transcritores não-autorizados transformaram a obra oral de Lacan em um hipertexto, em uma obra polifônica, irredutível a um enunciado unívoco.[18]

O culto da ausência de arquivo corresponde não apenas à ideologia do dogmatismo lacaniano, mas a certa concepção lacaniana da história. Lacan dispôs de certa forma para que sua obra oral fosse transcrita como se continuasse a ser pronunciada por um mestre vivo e imortal. O próprio Lacan buscou projetar-se num presente interminável, inalterável, narcísico, dominado pelo eu grandioso de um mestre agindo como autor de uma carta que sempre chega à destinação.

Assim, atribuiu ao arquivo, e sobretudo ao arquivo escrito, um poder exorbitante, um poder que vai ao encontro de seu ideal de mestre imortalizado pela fala. Por um lado, Lacan recusava toda forma de historicidade do pensamento freudiano, pretendendo-se o intérprete de uma nova ortodoxia fundada no retorno aos textos de Freud, e, por outro, era obcecado por um desejo de história e pela vontade de deixar à posteridade um vestígio escrito de seu ensino e de sua pessoa, um vestígio cujo domínio absoluto sonhava deter. Em outros termos, Lacan buscava captar o arquivo à maneira como o sujeito capta sua imagem segundo o processo do estádio do espelho. Daí essa dialética do apagamento, do reconhecimento, da antecipação, da assunção jubilatória, que aliás se manifesta na maneira como ele utiliza, em seu ensino, a injúria, a máxima, o *slogan*, o jogo de palavras.

---

[18] Penso, por exemplo, no trabalho de Michel Roussan, melhor transcritor atual do Seminário de Lacan.

Ao assinalar em 1964 o quanto o desejo em Descartes de distinguir o verdadeiro do falso ia de par com uma preocupação biográfica, Lacan afirmava porém que a biografia era sempre secundária ao olhar da significação de uma obra.[19] Cerca de quinze anos mais tarde, fez uma declaração bombástica à historiadora Lucile Ritvo, por ocasião de uma conferência na Universidade Yale: "A psicanálise tem um peso na história. Se há coisas que lhe pertencem, são coisas da ordem da psicanálise ... O que chamamos de história é a história das epidemias. O Império Romano, por exemplo, é uma epidemia... a psicanálise é uma epidemia... Sem o documento escrito, você sabe que está num sonho. O que o historiador exige é um texto: um texto ou um pedaço de papel; de toda forma, deve haver em algum lugar num arquivo alguma coisa que certifique pelo escrito, e cuja falta torna a história impossível. O que não pode ser certificado pelo escrito não pode ser considerado história."[20]

Tudo se passa, portanto, como se esse mestre paradoxal pensasse aqui contra si próprio. De um lado, afirmação da soberania do escrito e, de outro, a impossibilidade de deixar uma escrita da obra; de um lado, recusa das fontes e dos arquivos e, de outro, exacerbação do peso do arquivo; de um lado, questionamento radical da soberania do eu e, de outro, desejo de transmitir um si inalterável do outro.

[19] Jacques Lacan, *O Seminário*, livro 11, *Os quatro conceitos fundamentais da psicanálise* (Paris, 1964), texto estabelecido por Jacques-Alain Miller, Rio de Janeiro, Jorge Zahar, 1985, p.210.

[20] Jacques Lacan, "Conférences et entretiens dans les universités nord-américaines", *Scilicet*, 6/7, Paris, Seuil, 1975, p.20.

▪

É de certa forma para apagar esse apagamento do arquivo e para suprir o arquivo que falta que decidi, em 1990, dedicar um livro ao estudo histórico da gênese do sistema de pensamento de Lacan: suas fontes, sua gênese, sua construção interna etc. Decerto a obra oral e escrita continha toda espécie de referências e informações. Mas em se tratando do itinerário intelectual e privado, na ausência de uma "verdadeira" correspondência (apenas 250 cartas) e sem nenhuma anotação de trabalho, eu só tinha à minha disposição fragmentos de fontes dispersas entre aqueles que haviam conhecido o Lacan de outrora, da infância, o Lacan de antes de Lacan, e cujos arquivos estavam disponíveis.

Foi efetivamente porque esse trabalho de coleta de arquivos nunca fora feito, tanto para a vida de Lacan como para sua obra, que meu livro sobre Lacan de 1993, *Esboço de uma vida, história de um sistema de pensamento*, acabou funcionando, à minha revelia, como uma biografia, ao passo que essa obra não é uma biografia e que a palavra biografia não figure nela. É a essa fonte que recorrem agora os outros livros que buscam relatar não apenas os elementos de uma biografia de Lacan, mas as próprias fontes de sua obra, das quais me tornei, sem o saber, a única detentora, na ausência de qualquer depósito efetuado pela família.

Se é possível escrever diversas histórias do pensamento de Lacan, só existe um esboço de sua vida anterior ao personagem público que ele se tornou. De fato, quase nada sabemos sobre a infância de Lacan, infância cujo único vestígio possível consegui recolher através de depoimentos orais, mas sobre a qual nunca se saberá grande coisa, uma vez que o arquivo não existe e que todas as testemunhas morreram. Portanto, "reconstruí" Lacan, um Lacan deduzido dos rumores e das lendas, mas hipotético, uma vez que não garantido por um vestígio suficiente. Darei um exemplo dessa reconstrução na próxima conferência, sobre "O estádio do espelho".

2

Jacques Lacan: o estádio do espelho

A gênese da noção de estádio do espelho permite compreender como funciona em Lacan o poder do arquivo apagado. Por que falar a propósito do estádio do espelho de um arquivo apagado? A resposta é simples e complexa ao mesmo tempo. Não existe versão original da conferência pronunciada sobre esse tema por ocasião do XIV Congresso da IPA em Marienbad, em 1936 (de 2 a 8 de agosto). Depois de ter falado durante cerca de quinze minutos, Lacan foi interrompido por Ernest Jones, que achava que aquele conferencista francês, de quem nunca ouvira falar, não respeitava o tempo de palavra atribuído a cada um. Naquela época, nos congressos internacionais, já se aplicava a regra do tempo de palavra cronometrado. Sentindo aquela interrupção como uma humilhação, Lacan abandonou o Congresso e foi assistir às Olimpíadas de Berlim para ver de perto o que era uma manifestação esportiva manipulada pelo nazismo.[1]

---

[1] Jacques Lacan, "O estádio do espelho como formador da função do eu [*je*], tal como nos é revelada na experiência psicanalítica" (1949), in *Escritos* (Paris, 1966), Rio de Janeiro, Jorge Zahar, 1998, p.96-103.

Houve nesse caso um grave mal-entendido. Aos olhos dos dirigentes da IPA da época, Lacan ainda não se tornara Lacan. Permanecia um modesto membro anônimo da Sociedade Psicanalítica de Paris (SPP) e não tinha direito a nenhum privilégio especial. Daí uma defasagem, na medida em que, na França, Lacan já era reconhecido como um pensador importante pelos meios literários. Além disso, era apreciado da mesma forma que Henri Ey como inaugurador de uma nova psiquiatria, ao passo que não gozava de um bom renome entre os psicanalistas. Quanto ao próprio Lacan, já se considerava sua majestade Lacan. Assim, não podia suportar nem um pouco ser tratado levianamente num Congresso da IPA. Não entregou seu texto para a publicação das atas do Congresso.

Porém, possuímos dois vestígios desse texto: as notas tomadas por Françoise Dolto durante uma conferência preliminar dada por Lacan na SPP em 16 de junho de 1936, que sem dúvida refletem com fidelidade o arquivo perdido de 1936. O segundo vestígio é um projeto de ensaio redigido por Alexandre Kojève, do qual Lacan devia participar no verão de 1936, e que não verá a luz do dia. Segundo arquivo apagado de que Lacan jamais falará. Provavelmente ele o esquecera. Ele indica, porém, qual foi a gênese de sua concepção posterior do cogito cartesiano, do sujeito do desejo e da origem da loucura.[2] Devemos comparar essas notas

[2] Françoise Dolto, "Notes sur le stade du miroir", 16 jun 1936, documento inédito. Sobre as notas de Alexandre Kojève, ver Elisabeth Roudinesco, *Jacques Lacan: esboço de uma vida, história de um sistema de pensamento*, op.cit. O arquivo inédito foi transmitido a mim por Dominique Auffret.

com outro texto de Lacan, incluído num célebre artigo sobre a família encomendado por Henri Wallon e publicado em 1938 na *Encyclopédie française*. Nesse longo artigo, reeditado em 1985 sob o título *Os complexos familiares*, figura, segundo as próprias palavras de Lacan, o conteúdo da conferência de Marienbad em 1936.[3] Esta se acha na segunda parte do artigo, intitulada "O complexo da intrusão". Vem em seguida um parágrafo sobre "O ciúme, arquétipo dos sentimentos sociais", onde estão agrupados diversos subparágrafos com os seguintes títulos: "Identificação mental", "A imago do semelhante", "O sentido da agressividade primordial". O parágrafo "Estádio do espelho" compreende duas partes: 1. Poder segundo da imagem especular; 2. Estrutura narcísica do eu.

As notas de Françoise Dolto mostram que Lacan expõe nesse dia não apenas o parágrafo "Estádio do espelho", reproduzido em seguida na *Encyclopédie*, mas grande parte das teses do artigo de 1938. A conferência é dividida em nove partes: 1. O sujeito e o eu; 2. O sujeito, o eu e o corpo próprio; 3. A expressividade da forma humana; 4. A libido da forma humana; 5. A imagem do duplo e a imagem especular; 6. Libido ou desmame e instinto de morte. Destrui-

---

3 Jacques Lacan, *Os complexos familiares* (1938), Rio de Janeiro, Jorge Zahar, 1987, reproduzido in *Outros escritos* (Paris, 2001), Rio de Janeiro, Jorge Zahar, 2002. Em "L'index des collaborateurs" (t.VIII), Lacan menciona sua intervenção em Marienbad dando-lhe o seguinte título: "O estádio do espelho, teoria de um momento estrutural e genético da constituição da realidade, concebido em relação com a experiência e a doutrina psicanalítica". Ver, a esse respeito, Émile Jalley, *Wallon, lecteur de Freud et de Piaget*, Paris, Éditions Sociales, 1981; *Freud, Wallon, Lacan, l'enfant au miroir*, Paris, EPEL, 1998.

ção do objeto vital. O narcisismo; 7. Seu elo com o simbolismo fundamental no conhecimento humano; 8. O objeto encontrado no Édipo; 9. Valores dos sintomas narcísicos: os gêmeos.

É provável que se trate nesse caso, com apenas algumas variantes, da comunicação redigida por Lacan para o Congresso de Marienbad: um texto longo demais para as instâncias da IPA e que não é nem de feitio freudiano nem de inspiração kleiniana, mas configurado pelo ensino de Alexandre Kojève sobre a *Fenomenologia do espírito*, de Hegel.

Abro um parêntese aqui. Já emiti a hipótese de que existia um elo entre a maneira como Lacan foi interrompido durante o Congresso de Marienbad e a forma como, contra a IPA, ele praticou sessões curtas mais tarde. A relação de Lacan com o tempo é de grande complexidade. Sempre lento demais para realizar o que deseja, e sempre lento nos movimentos de seu corpo e no encaminhamento de seu pensamento, Lacan não cessará de lutar para dominar o tempo, sem jamais ser capaz de se limitar. Daí uma relação particular com o tempo curto e o tempo longo. Remeto aqui a seu famoso texto sobre o tempo lógico de 1945,[4] que tive oportunidade de analisar como sendo a expressão de uma filosofia da liberdade.

A conferência de Lacan, transcrita por Dolto, é seguida por uma discussão durante a qual intervêm Marie Bonaparte, Daniel Lagache, Georges Parcheminey, Rudolph

---

[4] Jacques Lacan, "O tempo lógico e a asserção de certeza antecipada" (1945), in *Escritos*, op.cit., p.197-213.

Lœwenstein, René Laforgue, Paul Schiff e Charles Odier. Em seguida o orador toma a palavra para responder a cada um dos inquiridores. Essa conferência é tão obscura que os participantes não compreendem muito bem o que Lacan quer dizer. Assim, pedem-lhe que defina mais suas posições e, sobretudo, a relação entre desmame e pulsão de morte, entre o eu [*moi*], o corpo próprio e a fantasia. O eu é o corpo próprio e a fantasia, a imagem especular? Outra questão colocada: o que é o eu [*je*] em relação ao eu [*moi*] e à personalidade?

Surge aqui uma interrogação importante. Com efeito, sabemos que, para Freud, a noção de sujeito não é conceitualizada, ainda que ele empregue o termo. Ora, precisamente, a partir dessa data, Lacan tenta introduzir o conceito no sentido da filosofia clássica, e não da psicologia: o sujeito é o homem mesmo enquanto fundamento de seus atos e pensamentos. Ele é o sujeito do conhecimento e do direito. Por sua reflexão, Lacan não busca ligar a segunda tópica freudiana (isso, eu, supereu) a um eu [*je*], mas uma teoria filosófica do sujeito a uma teoria freudiana e hegeliana-kojéviana do sujeito do desejo. Daí, em seguida, passará à noção de sujeito do inconsciente.

Na verdade, é de Henri Wallon que ele tira a expressão "estádio do espelho" num artigo publicado em 1931.[5] Entretanto, Lacan omite a citação de sua fonte. O nome de

[5] Henri Wallon, "Comment se développe chez l'enfant la notion de corps propre", *Journal de Psychologie*, nov-dez 1931, p.705-48; *Les origines du caractère chez l'enfant* (1934), Paris, PUF, 1973.

Wallon não está presente nem na conferência, nem na bibliografia da *Encyclopédie française*. Como tive oportunidade de mostrar, Lacan quis incessantemente apagar o nome de Wallon a fim de se apresentar como o inventor da expressão.[6]

Para compreender o que acontece em 1936, convém saber que Lacan, naquela época, ainda não tinha tomado conhecimento das teses de Melanie Klein, pouco conhecidas na França. Por sinal, na discussão que estende sua conferência da SPP, ninguém cita os trabalhos de Melanie Klein, ao passo que, justamente, as noções da relação da criança com o objeto, de desmame ou de formação da identidade pertencem ao pensamento kleiniano. De fato, Lacan efetua à sua maneira, à sua maneira "francesa", uma leitura da obra freudiana que é uma espécie de equivalente da leitura kleiniana de Freud feita na mesma época.

Entretanto, como acabo de assinalar, ele produz essa leitura a partir do seminário de Kojève sobre a *Fenomenologia do espírito*,[7] que ele freqüentava, e na linha das interrogações

---

6 Françoise Bétourné levantou cerca de sessenta ocorrências da expressão "estádio do espelho" na obra de Lacan, que volta a isso incessantemente insistindo no fato de que foi seu introdutor. Em seu seminário sobre "O ato psicanalítico" (sessão de 10 jan 1968), ele diz: "Todos sabem que entrei na psicanálise com uma vassourinha que se chamava o estádio do espelho. ... Aproveitei o estádio do espelho para fazer um cabide." Ver Françoise Bétourné, "L'Insistance des retours du Un chez Jacques Lacan", tese de doutorado em psicopatologia fundamental e psicanálise, Universidade de Paris-VII, 23 fev 2000, t.III, p.cviii-cix. Émile Jalley observa com razão que Lacan menciona autores citados por Wallon sem conhecê-los de fonte direta. Ver *Freud, Lacan, Wallon*, op.cit., p.151.

7 Alexandre Kojève, *Introduction à la Phénoménologie de l'esprit*, Paris, Gallimard, 1947. Notas tomadas por Raymond Queneau.

colocadas pela revista *Recherches Philosophiques*, dirigida por Alexandre Koyré. Deu-se a essa geração o nome de "geração dos três Hs" (Hegel, Husserl, Heidegger), a qual buscava na filosofia uma maneira de pensar um mundo às voltas com a escalada das ditaduras, um mundo obcecado pela questão da angústia, do despedaçamento da consciência, da negatividade do progresso humano e de todas as formas de niilismo ligadas ao medo de um fim da história. Lacan fazia parte desse grupo.

Como comprovam os arquivos a que tive acesso, ele tinha a intenção de redigir com Kojève, em julho de 1936, um ensaio que incluísse os mesmos princípios filosóficos presentes na conferência de Marienbad e, mais tarde, no verbete da *Encyclopédie*. Esse ensaio devia se chamar "Hegel e Freud". Era a tentativa de um confronto interpretativo. A primeira parte trazia como título "A gênese da consciência de si", a segunda, "A origem da loucura", a terceira, "A essência da família". Enfim, o ensaio nunca foi redigido. Mas nas quinze páginas manuscritas pela pena de Kojève, extraímos três conceitos importantes que serão utilizados por Lacan em 1938: o eu [*je*] como sujeito do desejo, o desejo como revelação da verdade do ser, o eu [*moi*] como lugar de ilusão e fonte de erro. Esses conceitos ressurgirão, aliás, misturados aos dois temas da origem da loucura e da essência da família, em todos os textos publicados por Lacan entre 1936 e 1949. Tanto em "Para-além do 'princípio de realidade'" como em "Os complexos familiares", tanto em "Formulações sobre a causalidade psíquica" como na segunda versão do "estádio do espelho", conferência pronunciada em Zurique durante o XVI Congresso da IPA.[8]

Sem dúvida alguma, Lacan inspira-se nas páginas manuscritas de Kojève, o qual propõe a passagem, para a modernidade dos anos 1930, de uma filosofia do "eu penso" (Descartes) para uma filosofia do "eu desejo" (Freud, Hegel), entendendo-se que o desejo é mais a *Begierde* hegeliana que o *Wunsch* freudiano. Lembremos que a *Begierde* é o desejo pelo qual se exprime a relação com o si da consciência: trata-se de reconhecer o outro ou a alteridade na medida em que a consciência ali se descobre. O outro é o objeto do desejo que a consciência deseja numa relação negativa e espelhada que lhe permite se reconhecer nele. O *Wunsch*, ou o desejo no sentido freudiano, é mais simplesmente a tendência, a aspiração, a consumação de uma vontade inconsciente. Nessa passagem de uma filosofia do "eu penso" para uma filosofia do "eu desejo", há portanto, segundo Kojève, uma cisão entre o eu [*je*] do pensamento do desejo e o eu [*moi*], fonte de erros e representações.

Vemos aqui como funciona a leitura lacaniana da obra freudiana entre 1932, data da publicação da tese sobre o caso Aimée e a paranóia de autopunição,[9] e 1936, data da redação da primeira versão perdida do "estádio do espelho". Há uma

---

[8] Jacques Lacan, "Para-além do 'princípio de realidade'" (1936), in *Escritos*, op.cit., p.77-95; "O tempo lógico e a asserção de certeza antecipada" (1945), ibid., p.197-213; "Formulações sobre a causalidade psíquica" (1946), ibid., p.152-94.

[9] Jacques Lacan, *De la psychose paranoïaque dans ses rapports avec la personnalité* (1932), Paris, Seuil, 1975 [ed. bras.: *Da psicose paranóica em suas relações com a personalidade*, Rio de Janeiro, Forense-Universitária, 1987.

analogia entre o procedimento kleiniano e o procedimento lacaniano enquanto momento específico de um remanejamento intrínseco à história da conceitualidade psicanalítica.

Assim como Melanie Klein, Lacan aborda a segunda tópica freudiana pelo avesso de qualquer forma de psicologia do eu. Duas opções eram possíveis depois do remanejamento pretendido por Freud em 1920-23. Uma consistia em fazer do eu o produto de uma diferenciação progressiva do isso, agindo como representante da realidade e se encarregando de conter as pulsões (foi a Ego Psychology); outra, ao contrário, virava as costas a toda idéia de autonomização do eu para estudar sua gênese em termos de identificação. Em outras palavras, na primeira opção, que será em parte a do desenvolvimento da psicanálise nos Estados Unidos, buscava-se extrair o eu do isso para dele fazer o instrumento de uma adaptação do indivíduo à realidade externa, ao passo que na segunda, a do kleinismo e do lacanismo, e mais tarde da Self Psychology (Heinz Kohut, por exemplo), ele era reconduzido ao isso para mostrar que se estruturava por etapas, em função de imagos colhidas no outro a golpes de identificações projetivas.

Como veremos no texto seguinte, o surgimento de uma cultura do narcisismo com a qual teve de se confrontar a terceira geração psicanalítica mundial (Lacan, Winnicott, Kohut) não acarretou respostas idênticas em cada país. Nos Estados Unidos, criou-se uma nova abordagem clínica que repousava na aceitação do culto de si como solução para o mal-estar da civilização, e é a Herbert Marcuse e aos herdeiros da escola de Frankfurt que cabe o mérito de uma posição crítica que restituía à experiência freudiana o sentido de uma rebelião. Na França, ao contrário, com Lacan, o culto de si foi criticado como fonte de todas as ilusões. Provavelmente tratava-se, de ambos os lados do Atlântico, de duas concepções antagônicas da subjetividade, uma dominada pela idéia de que o homem é em primeiro lugar um indivíduo grandioso e empírico, capaz de onipotência, um conquistador do faroeste, um *self-made man*; a outra, ao contrário, marcada pelo princípio segundo o qual o ser humano seria um sujeito e não um indivíduo, uma singularidade existencial trabalhada pela morte e pelo descentramento de sua própria consciência. Como conseqüência, ceder ao narcisismo significaria ceder ao desejo de ser liberado do desejo. Daí a busca em Lacan de uma cisão entre o sujeito e o eu.

Para compreender essa evolução, é preciso definir a noção de narcisismo no sentido freudiano. Embora Freud tenha mudado de posição por diversas vezes desde a publicação em 1914 de seu célebre artigo "Sobre o narcisismo",[10] podemos perceber a distinção por ele estabelecida entre o narcisismo primário e o narcisismo secundário. O narcisismo primário é um estado primordial, anterior à constituição do eu, e portanto auto-erótico, pelo qual a criança toma sua pessoa como objeto de amor exclusivo, etapa que precede sua capacidade de se voltar para objetos externos. Daí decorre a constituição do ideal do eu. Quanto ao narcisismo secundário, resulta da recaída sobre o eu dos investimentos

[10] Sigmund Freud, "Pour introduire le narcissisme" (1914), in *La Vie sexuelle*, Paris, PUF, 1969, p.81-105 [ed bras.: ESB, vol.14].

dos objetos do mundo externo. Por fim, o narcisismo (primário e secundário) aparece como uma defesa contra as pulsões agressivas. Mas transformar o narcisismo em culto de si não é sinal de uma verdadeira conquista. Essa transposição resultaria antes de um rompimento interno correlato à existência de um vazio que se buscaria desesperadamente cobrir. Assim, é por uma espécie de desespero identitário que se chega à autoglorificação, numa busca desvairada de ser sempre admirado.

▪

Em 1931, Henri Wallon deu o nome de prova do espelho a uma experiência pela qual uma criança, colocada diante de um espelho, consegue progressivamente distinguir seu corpo próprio da imagem refletida deste. Essa operação dialética efetua-se, segundo ele, graças a uma compreensão simbólica, por parte do sujeito, do espaço imaginário no qual sua unidade se forja. Na perspectiva walloniana, a prova do espelho especifica a passagem do especular para o imaginário, depois do imaginário para o simbólico.

Ora, em 16 de junho de 1936 Lacan retoma a terminologia de Wallon para transformar a "prova do espelho" num "estádio do espelho", isto é, numa mistura de dois conceitos: a "posição" no sentido kleiniano, o "estádio" no sentido freudiano. Assim, abole a referência walloniana numa dialética natural. Na perspectiva lacaniana, a noção de estádio do espelho, portanto, nada mais tem a ver com um verdadeiro estádio (no sentido freudiano), nem com um verdadeiro espelho. O estádio torna-se uma operação psíquica, até mesmo ontológica, pela qual o ser humano é constituído numa identificação com seu semelhante. Segundo Lacan, que inspira-se na noção do embriologista holandês Louis Bolk,[11] a importância do estádio do espelho deve ser ligada à prematuração do nascimento atestada objetivamente pelo inacabamento anatômico do sistema piramidal e pela descoordenação motora dos primeiros meses da vida.

Nessa data, e mais ainda ao longo dos anos, Lacan continua a se separar da visada psicológica própria de Wallon ao descrever o processo sob o ângulo do inconsciente, e não mais da consciência. Apoiando-se numa tese de Kojève, afirma então que o mundo especular, onde se exprime a identidade primordial do eu, não contém nenhuma alteridade. Daí essa definição canônica: o estádio do espelho é uma fase, isto é, um estado no sentido evolucionista. A nuance não é desprezível, ainda que Lacan mantenha a terminologia freudiana e não abandone a idéia de historicidade.

Observemos de passagem que a língua inglesa não dá conta dessa distinção: "estádio" é traduzido por *phase*. Em alemão, diz-se *Stufe* para designar o estádio no sentido freudiano e *Stadium* para traduzir o conceito lacaniano. Situado entre os seis e os dezoito primeiros meses de vida, o estádio do espelho é assim o momento ou o estado durante o qual a criança antecipa o domínio de sua unidade corporal por uma

---

[11] Louis Bolk, "La genèse de l'homme" (Iena, 1926), *Arguments, 1956-1962*, t.II, Toulouse, Privat, 1983, p.1-13.

identificação com a imagem do semelhante e pela percepção de sua imagem num espelho. Desde então, Lacan funda sua concepção do estádio do espelho sobre aquela, freudiana, do narcisismo primário. Assim é construída a estrutura narcísica do eu tendo como elemento central a imago do duplo. Quando o sujeito reconhece o outro, sob a forma de um laço conflituoso, ele alcança a socialização. Quando, ao contrário, regride ao narcisismo primário, perde-se numa imago materna mortífera. Em seu abandono à morte, ele busca então encontrar o objeto materno e se liga a um modo de destruição do outro que tende para a paranóia. Assim como Melanie Klein, Lacan privilegia o laço arcaico com a mãe na construção da identidade, mas ao contrário dela, conserva a idéia freudiana do estádio com um início, um fim e um estado preciso em uma duração.

Sabemos que Melanie Klein abandona a idéia de estádio ou de fase por aquela de posição (*Einstellung*, em alemão). A seus olhos, a posição (depressiva ou paranóide/esquizóide) intervém num dado momento da existência do sujeito, num momento de seu desenvolvimento, mas esse momento, intrínseco à vida fantasística, pode se repetir de forma estrutural em certas etapas de sua vida. Outra diferença entre Lacan e Melanie Klein: esta rejeita a idéia do narcisismo primário ao postular a existência primordial das relações de objeto como constitutivas do advento do eu. Vê-se como Lacan elabora, através da noção de estádio do espelho, sua primeira concepção do imaginário e como constrói um conceito de sujeito, distinto do eu, que nada tem a ver com o de Freud.

Maurice Merleau-Ponty foi o primeiro a comentar a noção lacaniana, no âmbito de seu curso de 1949-51 sobre a psicologia da criança. Ao mesmo tempo em que presta homenagem a Wallon, ele mostra que Lacan percebe de maneira bem mais concreta a própria essência do mito de Narciso, para além mesmo do que Freud dissera sobre ele, abrindo assim caminho para uma perspectiva mais fenomenológica do problema: "Lacan retoma e enriquece o mito de Narciso apaixonado por sua imagem a ponto de se jogar na água e morrer afogado. Freud enxergara sobretudo o componente sexual, a libido voltada para o corpo próprio. Lacan utiliza plenamente a lenda e ali integra seus outros componentes."[12]

▪

A questão do sujeito torna-se central na segunda versão da conferência sobre o "estádio do espelho" pronunciada em Zurique no XVI Congresso da IPA em 1949. Na tribuna, Lacan encontra Ernest Jones, que, dessa vez, permite-lhe que leia sua comunicação. As posições aqui adotadas por Lacan são diferentes das de 1936. O que retém sua atenção é o projeto de uma construção da noção de sujeito em psicanálise e na história das ciências, reflexão já esboçada no contato com Kojève. O título exato da conferência comprova esse projeto: "O estádio do espelho como formador da

[12] Maurice Merleau-Ponty, *Merleau Ponty à la Sorbonne, resumés des cours. 1949-1952*, Grenoble, Cynara, 1988, p.112-3. Ver também, Émile Jalley, *Freud, Lacan, Wallon*, op.cit.

função do eu [*je*], tal como nos é revelada na experiência psicanalítica".

Antes de chegar a essa nova formulação, Lacan tomara o cuidado de entrar pela porta da frente no movimento psicanalítico. Depois da humilhação de Marienbad, publicou na revista *L'Évolution Psychiatrique* um artigo programático, "Para-além do 'princípio de realidade'", em que recorria à construção de uma segunda geração psicanalítica capaz de fazer a "revolução" teórica que se impunha em benefício de uma nova leitura das obras de Freud. Lacan pertencia, como sabemos, à terceira geração mundial, mas situava-se como porta-voz de uma segunda geração face aos pioneiros da primeira geração francesa, à qual criticava por nada ter compreendido sobre a descoberta freudiana. Assim, fez questão de datar sua conferência da maneira mais precisa: "Marienbad-Noirmoutier, agosto-outubro de 1936". Essa datação não é anódina. Foi em Noirmoutier que Lacan passou o verão de 1936 junto com sua primeira mulher, Malou Blondin, grávida de cinco meses. Aos trinta e cinco anos, no momento de enfrentar pela primeira vez a prova da paternidade, saúda portanto o advento triunfante de uma geração da qual desde já se sente o líder e à qual atribui a tarefa de "ler Freud" contra e fora de toda psicologia do eu.

No plano teórico, esse apelo à rebelião prolonga o enunciado da primeira versão do estádio do espelho e do projeto de ensaio com Kojève. Com efeito, Lacan se desvincula da idéia de que o indivíduo possa se adaptar a uma realidade. Assim, faz da identificação mental uma forma constitutiva do conhecimento humano. Daí a proposta de nomear como "postos imaginários da personalidade" as três instâncias da segunda tópica de Freud (eu, isso, supereu), depois de extrair dela uma quarta, o eu [*je*], ao qual atribui a função de ser o lugar por onde o sujeito pode se reconhecer. Essa primeira formulação lacaniana de uma concepção do imaginário, em que a gênese do eu [*moi*] é assimilada, como em Melanie Klein, a uma série de operações fundadas na identificação com imagos, é acompanhada por uma menção ainda bem rudimentar da noção de identificação simbólica. Esta será enriquecida na seqüência.

▪

Quando Lacan redige sua nova conferência sobre o estádio do espelho para o Congresso de Zurique, não está mais em absoluto nas mesmas posições de antes da guerra. Leu a obra de Melanie Klein e descobriu a de Claude Lévi-Strauss. Além disso, retoma por sua conta os princípios da lingüística saussuriana, que nunca havia utilizado. Enfim, interessa-se pelo cogito cartesiano e sempre pela psicogênese da loucura.

O tema do cogito não estava presente no texto de 1936, ao passo que em 1949 torna-se central, uma vez que Lacan elabora nessa data uma verdadeira teoria do sujeito. Para compreender sua significação, convém comentar a conferência por ele pronunciada no Colóquio de Bonneval de 1946: "Formulações sobre a causalidade psíquica".

A Henri Ey, que propõe reunir a neurologia e a psiquiatria para dotar esta última de uma teoria capaz de integrar a conceitualidade psicanalítica, Lacan preconiza repensar o saber psiquiátrico segundo o modelo do inconsciente freudiano. Todavia, contra os cientistas que reduzem o homem a uma máquina, ambos partilham a convicção – como a maioria dos psiquiatras daquela época – de que a psicanálise restitui uma significação humanista à psiquiatria porque refuta a idéia de uma nosologia que seria separada do vivido da loucura.

É nessa perspectiva que Lacan prega então a necessidade de um grande retorno a Descartes: não a uma filosofia do cogito, mas a uma filosofia capaz de pensar a causalidade da loucura. Em poucas linhas, comenta a famosa frase da primeira parte das *Meditações*, sobre a qual incidirá em seguida a polêmica entre Michel Foucault e Jacques Derrida:[13] "E como eu poderia negar que estas mãos e este corpo sejam meus a não ser talvez me comparando a certos insensatos cujo cérebro está de tal forma perturbado e ofuscado pelos negros vapores da bile que garantem constantemente que são reis, ao passo que são paupérrimos; que estão vestidos de ouro e púrpura, ao passo que estão inteiramente nus ou se imaginam ânforas ou terem um corpo de verme? O quê? São loucos, e eu não seria menos extravagante se me pautasse por seus exemplos." Em 1946, Lacan dá então a entender – como fará mais tarde Derrida – que a fundação por Descartes do pensamento moderno não excluía o fenômeno da

[13] Jacques Derrida, "Cogito et histoire de la folie" (1964), in *L'Écriture et la différence*, Paris, Seuil, 1967 [ed. bras.: *A escritura e a diferença*, São Paulo, Perspectiva, 2002]; Michel Foucault, *Histoire de la folie à l'âge classique* (1961), Paris, Gallimard, 1972 [ed. bras.: *História da loucura*, São Paulo, Perspectiva, 2004].

loucura. Se compararmos essa posição com a de 1949 sobre o estádio do espelho, perceberemos que ele muda de perspectiva. Depois de ter reivindicado Descartes em 1946, ele recusa o cartesianismo três anos mais tarde ao assinalar que a experiência da psicanálise "opõe-se radicalmente a toda filosofia oriunda do cogito". Na versão de 1966, a dos *Escritos*, ele corrigirá sua conferência ao reforçar ainda mais sua crítica do cartesianismo: a psicanálise "opõe-se, dirá ele, a toda filosofia oriunda diretamente do cogito".

Vemos, portanto, como Lacan evolui entre 1936 e 1949. Num primeiro momento, elabora uma teoria fenomenológica do imaginário ao mesmo tempo em que separa a noção biológica de estádio, depois, num segundo momento, reivindica a racionalidade cartesiana para mostrar que a loucura possui sua lógica própria e que não pode ser pensada fora do cogito; enfim, num terceiro, cria uma teoria do sujeito que recusa não o cogito cartesiano, mas uma tradição da psicologia do eu oriunda do cogito. A crítica dirige-se aqui tanto a Daniel Lagache, cioso de realizar na França uma unidade da psicologia da qual faria parte a psicanálise, como aos partidários americanos da Ego Psychology, os quais, seja dito de passagem, não são em absoluto cartesianos.

Quanto à conferência de 1949, ela é simplesmente esplêndida, por seu estilo e tonalidade. Estamos aqui longe da noção de estádio do espelho de 1936. Treze anos após sua entrada frustrada e humilhante na cena do movimento psicanalítico, Lacan nos convida a uma visão propriamente trágica do homem, oriunda ao mesmo tempo de uma estética barroca, dos comentários de Theodor Adorno e Max Horkheimer[14] sobre Auschwitz e de uma concepção heideggeriana do tempo. Faz da psicanálise uma escola da escuta das paixões da alma e do mal-estar da civilização, única capaz de frustrar os ideais filantrópicos e enganadores das terapias da felicidade que pretendem tratar o eu e cultivar o narcisismo mascarando a desintegração da identidade interna.

[14] Max Horkheimer e Theodor Adorno: *Dialektik der Aufklärung: philosophische Fragmente*, Frankfurt, 1944 [ed. bras.: *Dialética do Esclarecimento*, Rio de Janeiro, Jorge Zahar, 1985].

3

■

O culto de si e as novas formas de sofrimentos psíquicos

Retomo aqui o fio que une essa conferência às duas precedentes lembrando que a questão do culto de si diz respeito ao mesmo tempo ao arquivo e à psicanálise, e, mais precisamente, ao surgimento, durante o último quarto de século, nos Estados Unidos essencialmente, de uma cultura do narcisismo ou culto de um arquivo de si, que põe em primeiro plano uma visão da sociedade fundada na superestimação da figura imaginária de um sujeito desprovido de sentido histórico, atemporal, sem passado nem futuro; um sujeito limitado ao claustro de sua imagem no espelho: vaivém entre o narcisismo primário e o narcisismo secundário.

Através desse culto perfila-se a criação da figura de um Narciso que vem substituir a de um Édipo soberano e ressentido. Invadido pela angústia e pregando a realização de si numa multiplicidade de terapias, Narciso é o mito de uma humanidade sem interdito e fascinada pelo poder ilimitado de seu eu. Mas Narciso é também aquele que não pode aceitar nem a velhice, nem a transmissão genealógica, nem a identificação com o sucesso do outro.

Quer se trate de Édipo ou de Narciso, o fim da história é sempre trágico: o primeiro perfura os olhos após ter cometido o incesto e invertido as genealogias, o segundo se suicida ao tomar consciência de que é seu próprio objeto de amor. Essas duas punições infligidas pelo sujeito a si mesmo são, no entanto, diferentes. Para Freud, Édipo é o herói emblemático de uma sociedade dominada por um poder patriarcal decadente. Condena-se para que a cidade viva e para que gerações possam sobreviver depois dele. Ao contrário, Narciso põe fim aos seus dias porque não aceita perder o que outros depois dele poderiam receber.

Enquanto formação psíquica que se traduz socialmente pelo culto do narcisismo, a obsessão por si mesmo é sempre portadora de uma rejeição do outro transformada em ódio de si e, portanto, em ódio pela presença do outro em si. Nessa perspectiva, esse culto seria a forma moderna tanto de uma consumação do declínio da família patriarcal quanto um desafio lançado à psicanálise. Esta havia efetivamente combatido a soberania do eu encarnada pelo pai da horda primitiva, antes de ser, por sua vez, superada por Narciso. Se Édipo é a tragédia do assassinato do pai e do confronto com a verdade, Narciso é o drama de um eu que se subtrai progressivamente a qualquer encontro com a verdade ao substituir o peso das tradições pelo deleite de si e a punição da lei pelo cuidado terapêutico.

▪

Há cerca de vinte anos, o culto de si e o cuidado terapêutico tornaram-se os grandes modelos de uma organização da sociedade ocidental caracterizada como narcísica pelos sociólogos e psicanalistas. Assim, fala-se com naturalidade de uma "cultura do narcisismo", ou da necessidade moderna da "auto-estima", como de uma injunção ao mesmo tempo negativa e positiva. Esse culto é acompanhado de uma formidável explosão de terapias diversas. Foram recenseadas assim mais de setecentas no mundo entre as quais a sofrologia, a bioenergia, o tai chi, a meditação transcendental, o grito primal etc, que não passam de modalidades da afirmação de si caracterizadas pela vontade de um "desenvolvimento pessoal". Elas floresceram sobretudo nos Estados Unidos, e mais ainda na costa Oeste, a mítica Califórnia, local de concentração de todas as fantasias de conquista peculiares ao sonho americano. Entretanto, estão em progressão no mundo inteiro à medida da extensão do fenômeno de globalização econômica. Observa-se, portanto, que quanto mais o mundo é unificado por uma economia de mercado, e portanto pelas ilusões de uma universalidade enganadora, mais a afirmação narcísica progride, como manifestação de uma pretensão do eu de se diferenciar da massa para melhor se adaptar a ela: movimento estranhamente paradoxal.

Durante a conferência precedente, assinalei que, em sua intervenção de 1936 sobre o estádio do espelho, Lacan havia captado muito bem essa dialética primária e inconsciente do culto de si transformado em ódio de si e em desejo de destruição do outro.

▪

Esse mergulho na cultura do narcisismo foi estudado pelos sociólogos e filósofos americanos, de Herbert Marcuse a Christopher Lasch, passando por Heinz Kohut.[1] Eles a analisaram como um fenômeno de sociedade, ligado não apenas a uma progressiva desilusão quanto à crença no Progresso ou ao ideal das Luzes, mas a uma transformação radical da psiquiatria e da psicanálise, isto é, a novas maneiras de apreender e classificar os sofrimentos psíquicos.

Se o século XIX foi aquele da afirmação de si da classe burguesa, e simultaneamente o da internação psiquiátrica, que permitiria claramente definir uma "raça" dos excluídos, o século XX foi o da psicanálise, que contribuiu para reintegrar, no psiquismo, a causalidade do distúrbio neurótico e, logo, a não mais excluir os desviantes da Cidade. Se o mal psíquico é intrínseco ao sujeito, como aponta Freud, os estigmas da norma e da patologia modificam-se no sentido de um questionamento das fronteiras outrora perfeitamente definidas. A psicanálise introduz assim uma subversão na sociedade burguesa, uma vez que indica que o mal de que sofre o sujeito moderno vem do interior de si próprio.

---

[1] Heinz Kohut, *The Analysis of the Self*, Nova York, International Universities Press, 1971; Christopher Lasch, *The Culture of Narcissism*, Nova York, Norton, 1979. Michel Foucault analisou um fenômeno idêntico de maneira distinta. Ver *Le Souci de soi*, Paris, Gallimard, 1984 [ed. bras.: *História da sexualidade*, vol.3: *O cuidado de si*, Rio de Janeiro, São Paulo, Graal, 2002]; Herbert Marcuse, *Eros and Civilization*, Boston, Beacon Press, 1955 [ed. bras.: *Eros e civilização*, Rio de Janeiro, Zahar Editores, 1978, esgotado].

Essas duas disciplinas, psiquiatria e psicanálise, têm como ponto comum fundamentarem-se em uma nosografia que alia uma classificação estrutural das doenças da alma a uma descrição de seu vivido existencial. Ora, como vemos, o século vindouro é desde já o do esgotamento, eu diria até do desabamento desse sistema de pensamento: ele já é o século das psicoterapias que não propõem nem classificação, nem descrição de um vivido existencial, mas respondem à afirmação de si por um reforço narcísico da soberania do eu. À afirmação de si da classe burguesa e seu elitismo hierarquizado, caracterizado pela devoção à família e ao patrimônio transmitido, a esse culto da raça que deu seqüência ao culto feudal[2] do sangue, sucedeu uma sociedade de massa organizada em redes e que transforma os sujeitos em individualidades múltiplas, em personalidades atomizadas ou dissociadas, em mercadorias, em corpos despedaçados, em suma, em sujeitos captados pela imago do duplo no espelho, segundo a terminologia lacaniana.

Daí o surgimento de novas formas de sofrimentos psíquicos e de novas maneiras de classificá-los, caracterizadas pela valorização narcísica e pelo abandono da idéia de uma subjetividade rebelde. Isso explica a proliferação de psicoterapias efêmeras ou *à la carte*, que parecem atualmente adaptadas a cada indivíduo, a cada comunidade, a cada grupo. Essas terapias fazem crer que a vontade individual é mais

---

[2] Ver, a esse respeito, Michel Foucault, *La Volonté de savoir*, Paris, Gallimard, 1976 [ed. bras.: *História da sexualidade*, vol.1: *A vontade de saber*, São Paulo, Graal, 2003].

poderosa que o peso do passado e da genealogia e que determina muito mais o destino do sujeito que o enraizamento num universo familiar, numa memória, num inconsciente, no sentido freudiano.

Essa emergência de uma cultura do narcisismo – no sentido de um narcisismo secundário, de um retrocesso para o eu remetendo-o a um narcisismo primário – foi levada em conta pelo movimento psicanalítico americano por volta de 1960, a ponto de numerosos membros da International Psychoanalytical Association (IPA) começarem a assinalar que Narciso substituíra Édipo nos trabalhos clínicos. Em outros termos, a análise dos problemas de identidade e de relação de si para si tomou a frente, progressivamente, durante a década seguinte, da questão do distúrbio neurótico ligado à sexualidade.

Convém dizer que nessa época a repressão sobre o sexo e sobre o corpo das mulheres era menos acentuada que no início do século. Em suma, a histeria enquanto expressão sintomática de uma sexualidade provocante, oscilando entre repressão e rigidez moral, tal como o descrevera Freud, tendia a se transformar em uma reivindicação soberana do si acompanhada de estados fortemente depressivos. Começou-se a falar então muito mais de distúrbios do caráter, de dependência, de adição, de toxicomania ou de estados *borderline* (estados-limite) do que de construção edipiana ou de entidades clínicas, definidas e estruturadas segundo a fôrma do freudismo clássico. Os pacientes não pareciam mais sofrer, pelo menos aparentemente, de uma conversão de energia sexual ou de um recalcamento de seu desejo, mas de uma insatisfação existencial, de um estado amorfo e fútil, de um vazio, de uma desilusão crônica e, sobretudo, de uma incapacidade de qualquer relação de alteridade.

Essas transformações do psiquismo e da demanda terapêutica deviam-se em parte à evolução social que conduzira a uma emancipação sexual das mulheres e ao declínio da família autoritária. Mas eram igualmente a conseqüência da maneira como a psicanálise se implantara nos Estados Unidos. Sabemos que no início do século XX ela foi ali acolhida com entusiasmo, a ponto de se tornar o instrumento de uma adaptação do homem a uma utopia da felicidade higiênica: uma boa saúde mental num corpo são. Ela se impôs, então, muito menos por seu sistema de pensamento (como na França), e muito menos por seu rigor clínico (como na Inglaterra), do que por sua capacidade de trazer uma solução concreta e imediata para a moral sexual da sociedade liberal e puritana. Pensava-se que, graças a ela, o homem não estaria mais condenado ao inferno de suas paixões, mas que poderia se curar delas. Em suma, sonhava-se que a psicanálise finalmente realizaria, para o conjunto da sociedade, o desejo de Narciso se libertar do desejo.

Ora, como sabemos, nada mais estranho ao pensamento freudiano que esse ideal higienista que supõe uma sexualidade malsã e que repousa no princípio da confissão, da transparência, da condenação de toda forma de dissimulação em matéria de vida privada. Foi efetivamente porque tinha consciência desse desvio que Freud manifestou sempre uma violenta hostilidade a respeito dessa psicanálise dita americana.

A partir do final dos anos 1970, observamos um certo declínio da psicanálise nos Estados Unidos. Ela parecia incapaz de responder à multiplicidade das demandas clínicas de tipo narcísico. Tudo se passava então como se a irrupção das massas no movimento social desembocasse numa espécie de desencantamento em relação ao ideal de uma sociedade conquistadora, em que os sujeitos podiam se identificar com os grandes heróis do cinema hollywoodiano.

A despeito de sua força institucional, e malgrado sua expansão em todos os setores da psiquiatria, a despeito mesmo da evolução clínica impulsionada pela terceira geração, a psicanálise foi então atacada com tanta força quanto outrora havia sido adulada. Assim, os partidários do antifreudismo dos anos 1980-2000 utilizaram, invertendo-os, argumentos empíricos idênticos aos dos pioneiros do freudismo: começaram a refutar a análise freudiana em razão de sua pretensa ineficácia terapêutica e lhe opuseram terapias biológicas, farmacológicas ou cognitivas, fundadas numa concepção experimental do homem e reduzindo o psiquismo a neuroses e a subjetividade a comportamentos instintivos. Essas múltiplas terapias faziam aliás um bom par com todas as outras: tiveram como denominador comum o ideal de uma afirmação narcísica do eu.

Em outras palavras, se por um lado a psicanálise implantara-se no solo norte-americano adotando um ideal que Freud sempre rejeitara, um ideal que prometia libertar o homem do peso de sua culpa, de seu sexo, de seu desejo ou de sua obsessão pela morte, por outro foi rejeitada porque não mantinha nenhuma das promessas em nome das quais fora transformada numa utopia da felicidade. O paradoxo dessa situação é que a própria psicanálise, em sua versão norte-americana, contribuiu para sua própria derrota ao servir a um ideal que não era o seu. Quanto aos clínicos, quase todos psiquiatras, aceitaram instaurar os princípios de uma nomenclatura, de que falarei daqui a pouco, que anunciava o fim tanto da psiquiatria quanto da psicanálise.

O culto de si foi inicialmente contemporâneo de uma crise de confiança nas virtudes do sistema adaptativo nos Estados Unidos. A um surto de engajamento político (revolta nos campus universitários, guerra do Vietnã) sucedera um sentimento de fracasso e uma busca de novas formas de construção de si. Vinte anos mais tarde (cerca de 1985-90), assistiu-se a uma generalização do cuidado terapêutico como solução para o recuo do desengajamento político e a crença num fim da história, desembocando no desejo de um aniquilamento derradeiro de si. Essa busca do nada, própria de uma geração engajada na política, depois decepcionada com a política e desengajada enfim de suas próprias esperanças de mudar o mundo, é magnificamente narrada no último livro de Philip Roth, *Pastoral americana*.[3] Mas encontramos dela uma versão mais flexível na maneira como se enuncia atualmente o sofrimento psíquico.

Sabemos que uma das grandes inovações da psicanálise foi dar a palavra ao paciente. Outrora, os casos eram relatados pelos médicos. Ora, com o triunfo da psicanálise, um

[3] Philip Roth, *American Pastoral*, Nova York, Vintage, 1997.

deslizamento foi operado entre a ordem do saber e a da verdade. Cada vez mais, portanto, são os próprios pacientes que escrevem livros sobre seus casos. No momento em que os psiquiatras se afogam em classificações a-teóricas e os psicanalistas sentem-se constrangidos de publicar histórias de doentes, os pacientes contam seu mal-estar na televisão e publicam obras documentadas nas quais utilizam termos da psiquiatria e da psicanálise para fazerem diagnósticos sobre si próprios. A televisão tornou-se inclusive, com o consentimento de todos os protagonistas da "cena psi", o lugar de expressão de um olhar permanente sobre a interioridade dos seres, sobre sua intimidade.

A esse fenômeno corresponde a multiplicidade das auto-análises, automedicações e documentos toscos redigidos pelos doentes, agora habituados, graças aos grandes meios de informação, a se encarregar de um cuidado de si do qual desapareceu a idéia da transferência e, portanto, da alteridade terceira sobre a qual é construído o dispositivo do tratamento freudiano.

Embora essa cultura da terapia como recusa do conflito tenha se tornado o sintoma americano de uma economia globalizada, fico chocada ao ver que na França, como aliás nos Estados Unidos, o culto de si assume a forma de uma narratividade exacerbada do eu. Assim, a prática do diário íntimo, enquanto expressão das angústias individuais de massa, desenvolveu-se de forma considerável de uma década para cá. Quanto à literatura, toma freqüentemente a forma de uma observação clínica. Na reivindicação contemporânea do modelo do desnudamento – diferente por sinal da autobiografia, que mobiliza a reconstrução do passado –, temos a impressão de que o romance tornou-se o lugar de expressão maior de uma experiência da psicanálise transformada em auto-análise. Assim, o terapeuta moderno é despojado de seu saber sobre a arte de tratar e curar pelo paciente, que se torna o ouvinte de seus próprios afetos.

Pois é de fato ele o senhor e o soberano da cena pós-psicanalítica. Ele agora fabrica seu tratamento pessoal, consumindo, à maneira de um Gargântua, uma multiplicidade de medicinas da alma. Assim, existe uma patologia *fin-de-siècle* que arrasta cada sujeito a uma automedicação permanente, contra um fundo de desencantamento do mundo. Decerto a prática do diário íntimo sempre existiu, mas, como aponta Jacques Le Rider,[4] a propósito dos diários íntimos vienenses do início do século XX, trata-se de um gênero ligado a certas situações invariáveis: a adolescência, a desorientação, a conversão, a perda da fé, ou ainda a alteração de uma identidade ou a supervalorização de um ego, remetendo a uma defesa contra a instabilidade.

Do ponto de vista da clínica contemporânea, se existe de fato uma clivagem entre o saber do terapeuta e a verdade vivida do sofrimento do paciente, isso não quer dizer que o paciente seja o principal detentor da verdade de sua história. Os testemunhos vividos não são, com efeito, mais verdadeiros que os grandes casos clínicos publicados pelos mestres do saber psiquiátrico e psicanalítico, e, sob esse as-

[4] Jacques Le Rider, *Journaux intimes viennois*, Paris, PUF, 2000.

pecto, o testemunho pode ser apenas uma forma pervertida de relato, portador de um arquivo de si enganador pelo qual o sujeito se compraz em ser valorizado em seu amor e em seu ódio de si. Como conseqüência, de um ponto de vista terapêutico, pode ser ainda mais nefasto na medida em que corresponde a um exibicionismo consciente ou inconsciente que pode se voltar contra o próprio sujeito.

▪

Para compreender a proliferação das novas síndromes pelas quais se manifesta o sofrimento psíquico contemporâneo, é preciso estudar a evolução do famoso *Manual diagnóstico e estatístico dos distúrbios mentais* (*DSM*) cuja primeira versão (*DSM I*) foi elaborada pela American Psychiatric Association (APA) em 1952.[5] Nessa data, o *Manual* dava conta das conquistas da psicanálise e da psiquiatria dinâmica. Defendia a idéia de que os distúrbios mentais e psíquicos resultavam, no essencial da história inconsciente do sujeito, de seu lugar na família e de sua relação com o ambiente social. Em outras palavras, misturava uma tripla abordagem: a cultural (ou o social), a existencial e a patológica, correlata a uma norma. Nessa perspectiva, a noção de cau-

[5] *Diagnostic and Statistical Manual of Mental Disorders*, quarta revisão. Sobre a crítica da evolução da psiquiatria norte-americana, ver Elisabeth Roudinesco, *Pourquoi la psychanalyse?*, Paris, Fayard, 1999 [ed. bras: *Por que a psicanálise?*, Rio de Janeiro, Jorge Zahar, 2000]; Stuart Kirk e Herb Kutchins, *Aimez-vous le DSM? Le triomphe de la psychiatrie américaine*, Paris, Synthélabo, col. Les Empêcheurs de Penser en Rond, 1998; *The Selling of DSM, The Rhetoric of Science in Psychiatry*, Nova York, Walter de Gruyter, 1992.

salidade orgânica não era negligenciada e a psicofarmacologia, em plena expansão, era utilizada em associação com o tratamento pela palavra. Mas à medida que se desenvolveu uma abordagem liberal dos tratamentos, que submetia a clínica a um critério de rentabilidade, as teses freudianas foram julgadas "ineficazes" no plano terapêutico: o tratamento, dizia-se, era muito longo e caro demais. Sem contar que seus resultados não eram mensuráveis, uma vez que, ao se interrogar um sujeito passado pelo divã, este respondia em geral que havia sido "transformado" por sua experiência, mas não "curado".

A partir de 1952, o *Manual* foi revisado várias vezes pela APA no sentido de um abandono radical da síntese efetuada pela psiquiatria dinâmica. Calcado no modelo sinal-diagnóstico-tratamento, ele acaba eliminando a própria subjetividade de suas classificações. Quatro revisões ocorreram: em 1968 (*DSM II*), em 1980 (*DSM III*), em 1987 (*DSM III-R*), em 1994 (*DSM IV*). O resultado dessa progressiva operação de limpeza, dita "a-teórica", foi um desastre. Ela visava fundamentalmente a demonstrar que o distúrbio da alma e do psiquismo devia ser reduzido ao equivalente a uma pane num motor. Daí a eliminação de toda a terminologia elaborada pela psiquiatria e a psicanálise.

Os conceitos (psicose, neurose, perversão) foram substituídos pela noção frouxa de "distúrbio" (*disorder* = desordem), e as entidades clínicas abandonadas em benefício de uma caracterização sintomática dessas famosas desordens. A histeria foi então reassimilada a um distúrbio dissociativo – podendo ser tratada como um sintoma depressivo –, e a esquizofrenia assimilada a uma perturbação do curso do pensamento etc.

Ao procurar, por outro lado, evitar qualquer polêmica com os pacientes, as diferentes versões do *DSM* acabaram por abolir a idéia de doença. O vocábulo "distúrbio mental" serviu para evitar a inferiorização de um paciente que, embora designado como doente, corria o risco de pedir uma reparação narcísica ao utilizador do *DSM*, até mesmo de mover processos judiciais contra ele. Na mesma perspectiva, substituiu-se o adjetivo "alcoólatra" por "dependente do álcool" e preferiu-se eliminar a noção de "esquizofrenia" em benefício do qualificativo "acometido por distúrbios que remetem a uma perturbação de tipo esquizofrênico".

Atualmente, os princípios enunciados no *Manual* constituem autoridade de uma ponta a outra do planeta, embora sejam regularmente atacados por sua estupidez na imprensa americana.[6] Depois de terem sido adotados pela Organização Mundial de Psiquiatria (WPA), o foram pela Organização Mundial da Saúde (OMS). Com efeito, na segunda revisão de sua classificação das doenças (*CID-10*), no capítulo F, a OMS definiu os distúrbios mentais e do comportamento segundo os mesmos critérios que o *DSM-IV*. Enfim, a partir de 1994, nas novas revisões do *DSM* (ou *DSM IV-R*, *V* etc.), os mesmos princípios – denominados *Zero-*

---

[6] Em dezembro de 1997, o *New York Times* denunciou violentamente o poder dos laboratórios farmacêuticos e "o imperialismo do *DSM*". O jornal responzabilizava os psicofarmacologistas e os usuários do *DSM* por terem fabricado "152 milhões de bombas" nos Estados Unidos. Ver *Courrier International*, nº 371, 11-17 dez 1997.

to-Three (ou 0-3) – foram acrescentados ao estudo dos comportamentos julgados dissociativos, traumáticos e depressivos do bebê e das crianças pequenas.

▪

Essa evolução da classificação, portanto, esteve na origem das epidemias de novas síndromes que tinham como denominador comum a formidável expansão de uma cultura do narcisismo. Peguemos como exemplo a famosa MPD (Multiple Personality Disorder), ou síndrome de personalidade múltipla, que conheceu uma extensão considerável nos Estados Unidos. Definida como um distúrbio da identidade, essa síndrome se desenvolveu no século XIX antes de cair em desuso por volta de 1910, quando, sob a influência da segunda psiquiatria dinâmica e da concepção freudiana da neurose, as mulheres majoritariamente atingidas por ela foram vistas como sujeitos totalmente à parte e não mais como iluminadas, vítimas de abusos sexuais e bloqueadas por uma consciência desarticulada ou dissociada. Notavelmente descrita por Henri Ellenberger,[7] ela acarretou soberbos relatos literários. No plano clínico, traduzia-se pela coexistência num sujeito de uma ou várias personalidades

---

[7] Henri F. Ellenberger, *The Discovery of Unconscious*, Nova York, Basic Books, 1970. Ver *Rewriting the Soul: Multiple Personality and the Sciences of Memory*, Princeton, Princeton University Press, 1995: Ian Hacking nele descreve notavelmente esse fenômeno. Atribui, porém, suas causas à obsessão americana pelos abusos sexuais cometidos contra crianças, e não à cruzada antifreudiana que tende a abolir a concepção de um inconsciente dinâmico fundado numa teoria não-traumática da sexualidade.

autônomas, cada uma podendo, por sua vez, assumir o controle das outras.

Em 1972, a noção surgia como uma curiosidade de outra época. Uma dúzia de casos apenas havia sido recenseada desde 1920. Ora, em 1986, estimou-se em 6.000 o número de pacientes atingidas por essa síndrome. Em 1992, considerou-se que uma pessoa em cada vinte sofria do mesmo distúrbio, a ponto de, em todas as cidades norte-americanas, várias clínicas terem se especializado no tratamento da nova epidemia.

Essa expansão sem sentido da personalidade múltipla comprovava claramente a regressão da nosologia induzida pelas diversas revisões do *DSM*. Foi efetivamente porque elas não derivavam mais de uma classificação significante que as pacientes acometidas por distúrbios psíquicos recebiam um diagnóstico de personalidade múltipla. A síndrome remetia de fato a um modelo de sociedade no qual a mulher era assimilada a uma vítima sexualmente abusada e sem outra unidade subjetiva senão a de um perpétuo despedaçamento: um verdadeiro desespero identitário. Com a nova síndrome, teorizada pelo discurso psiquiátrico, essas pacientes eram, aliás, autorizadas a crer na realidade de suas múltiplas personalidades, a ponto de recusar que estas, uma vez reconhecidas, fossem reduzidas ao silêncio. Atacar a existência dessas múltiplas personalidades constituía, aos olhos dessas pacientes, um verdadeiro assassinato. Daí a idéia de levar a juízo aqueles que se recusassem a reconhecer a totalidade das personalidades, consideradas sujeitos de direito e cujo número podia, ademais, ser ilimitado.

Para tratar a epidemia, recorreu-se então a uma terapia que Freud abandonara desde 1897 e que consistia em uma rememoração hipnótica de abusos sexuais sofridos na infância (Recovered Memory Therapy, RMT). Em outras palavras, por meio desse método, o médico devia investigar de forma policial no "subconsciente"[8] de pacientes hipnotizados (induzidos ao sono) o vestígio de antigos abusos sexuais. Nada é mais absurdo que tal procedimento. Pois, a partir do momento em que se classifica a MPD na categoria das síndromes que têm como causa um abuso sexual antigo, é-se obrigado a encontrá-la em todos os pacientes e, portanto, fabricar falsas lembranças quando o abuso não existiu. Submetidos a tais práticas, os pacientes têm grandes chances de nunca saberem se a causa de seu sofrimento resulta de uma fantasia ou de um trauma. No primeiro caso, o sujeito é considerado um falsificador cuja mentira poderia ser desmascarada mediante o recurso à hipnose; no segundo, é visto como a vítima abusada por um mal exterior a si próprio.

Não surpreende que a RMT tenha suscitado em 1992 a criação de um movimento chamado False Memory Syndrome Foundation (FMSF), destinado a tomar a defesa daqueles injustamente acusados de abusos durante psicoterapias

[8] A palavra "subconsciente" é utilizada atualmente por aqueles que recusam a noção de inconsciente freudiano como lugar separado da consciência. O subconsciente remete à idéia de um mais-além do consciente interno à consciência e alcançável por meio da hipnose. A noção concorda com a idéia psicológica (e antipsicanalítica) segundo a qual existiriam "dissociações" da personalidade.

aplicadas às personalidades múltiplas e fundadas na rememoração hipnótica. A grande extensão, nos Estados Unidos, da noção de incesto sob a forma da Battered Child Syndrome (BCF, ou síndrome da criança espancada) autorizou inúmeras mulheres acometidas pela MPD a responsabilizar seus pais, e mais geralmente o poder patriarcal, por seu estado de vítimas permanentes. Convencidas de terem sido sexualmente abusadas em sua infância, elas também acabaram, a partir dos anos 1975-80, vendo-se como as sobreviventes ou remanescentes de um "holocausto incestuoso" no seio de uma sociedade dominada por redes de pedófilos.

No início dos anos 1990, apoiadas por terapeutas adeptos dessas teses, as pretensas vítimas de abusos antigos afirmaram ter sido, além disso, manipuladas por seitas satânicas, cujo rastro a polícia, julgada impotente, seria incapaz de encontrar. Relataram então, na mídia, descrições alucinantes de rituais de que teriam participado sem que ninguém soubesse se esses ritos existiam realmente ou se tinham sido inventados por uma das múltiplas personalidades dessas mulheres acometidas pela famosa síndrome. Assim, a existência real das seitas e das redes pedófilas, cuja proliferação é conhecida nos Estados Unidos, torna-se o centro de uma verdadeira psicose epidêmica: "Diante de sua telinha, escreve Sherrill Mulhern, os espectadores fascinados podem ver pretensas sobreviventes de seitas satânicas contar horríveis histórias de rituais sanguinários durante os quais vagabundos eram torturados e esfolados vivos, bebês apunhalados até a morte com a ajuda de cruzes satânicas ou lançados em lagos cheios de piranhas."[9]

▪

Outra síndrome resultante da classificação cognitivo-comportamentalista e da grande avalanche das epidemias traumáticas: a síndrome da fadiga crônica (Chronic Fatigue Syndrome, CFS). Tão "contagiosa" quanto a MPD, ou a Síndrome da Guerra do Golfo (Gulf War Syndrome, GWS), nascida do terror de uma guerra dita "limpa" ou "cirúrgica" e tornada "invisível" em virtude de ser mascarada pelas câmeras de televisão, ela permitiu a milhares de pessoas afligidas por distúrbios psíquicos julgarem-se ameaçadas por um novo vírus cujo vestígio orgânico a Ciência, erigida em religião, pretendia um dia encontrar a fim de exterminá-lo com medicações farmacológicas. Sabe-se, no entanto, que muito pouco dessas síndromes tem origem orgânica real. Apenas uma percentagem mínima de casos é provocada por uma infecção pós-viral. Quanto à GWS, se tem como etiologia reconhecida em numerosos soldados um envenenamento resultante do uso de produtos químicos tóxicos, atinge igualmente, de forma maciça, pessoas que nunca participaram de um combate. Sua crença numa contaminação é, portanto, efetivamente um distúrbio psíquico. Segundo Elaine

---

[9] Ver Sherrill Mulhern, "L'inceste: au carrefour des fantasmes et des fantômes", in Dana Castro (org.), *Incestes*, Paris, L'Esprit du Temps, 1995.

Showalter, notável historiadora da Universidade de Princeton, trata-se, no caso, de uma forma de histeria *fin-de-siècle* legitimada pela imprensa escrita e pela televisão, que não cessam de estender sua influência na opinião pública sugerindo que uma conspiração estaria sendo fomentada contra os Estados Unidos e que ela assumiria a forma desses novos vírus.[10]

A proliferação dessas síndromes, portanto, acarretou uma inversão da relação entre o que trata e o que é tratado. Detentor de suas próprias classificações, cada sujeito pode agora se achar o Sobrevivente (*Survivor*) de uma tribo de elite, próxima dos povos antigamente colonizados, e único capaz, por sua cultura, de resistir a um mundo ocidental julgado decadente e que se acha atacado de todo lado por forças maléficas, por vírus ou ainda por abusos sexuais cometidos sobre crianças. Encontramos aqui um eco das acusações dirigidas por Masson contra Freud a propósito de sua renúncia à teoria da sedução.

---

[10] Elaine Showalter denunciou muito bem esse fenômeno em *Hystorie: Hysterical Epidemics and Modern Culture*, Nova York, Columbia University Press, 1997. A seu ver, a CSF e a GWS não passam de "historias" (contração das duas palavras "histeria" e "história"): "As pessoas ouvem falar dessas doenças pela mídia. Inconscientemente, desenvolvem seus sintomas e, quando sabem que sua condição tem um nome, constroem sua trajetória baseadas nisso. ... Os Estados Unidos estão às voltas com uma peste psicológica, com um pânico, que tem proporções epidêmicas." Pena que os pesquisadores e certos psiquiatras franceses não sejam tão vigilantes quanto seus colegas americanos, mostrando-se fascinados pelo *DSM* a ponto de acreditarem que ele possa ser um verdadeiro instrumento científico de detecção da doença mental. Ver Pierre-Henri Castel, "Des épidémies énigmatiques aux États-Unis: quelle 'hystérie'?", *Le Débat*, nº108, jan-fev 2000, p.135-54; e também Richard Rechtman, "L'hallucination auditive: une origine paradoxale de l'épidémie du *DSM*", *L'Évolution Psychiatrique*, vol.65, 2, abr-jun 2000, p.293-311.

Na realidade, trata-se aí de uma fantasia de perda identitária que não passa da tradução de um fenômeno de desarticulação da subjetividade. Num mundo unificado e sem inimigo externo – desde o desengajamento político dos anos 1980 –, qualquer um pode se envolver ora com fantasmas e seitas, e portanto com um mal invisível, ora com redes de perversos sexuais, ora com a impotência de uma ciência que enlouqueceu por acreditar nas epidemias fabricadas por ela própria. Daí os famosos agrupamentos de doentes que tentam fazer reinar sua lei a partir do momento em que um médico ou investigador ousa denunciar o caráter ficcional das síndromes às quais esses pacientes se identificaram.

Ao mesmo tempo, a crença na existência de fantasmas expandiu-se amplamente com o desabrochar das seitas, das redes da Internet, das psicoterapias e das síndromes oriundas da generalização do *DSM*. Prova disso é o sucesso obtido pelo filme *O sexto sentido*, no qual o diretor, M. Night Shyamalan, põe em cena uma criança que se torna o instrumento de um aterrador dever de compaixão dos vivos para com os mortos, diante de um psiquiatra que só pode escutá-lo porque já está morto. Que estranho retorno de um recalcado freudiano! Não há aí uma espécie de "espectro de Freud",[11] que viria assombrar a consciência dos grandes profetas da pretensa "morte da psicanálise"? Penso aqui nas divagações de Francis Fukuyama, novo Nostradamus do pen-

[11] Ver Jacques Derrida, *Spectres de Marx*, Paris, Galilée, 1993 [ed. bras.: *Espectros de Marx*, Rio de Janeiro, Relume Dumará, 1994].

samento liberal, que não pára de anunciar o fim dos tempos, o fim do homem, o fim de todos os fins.

Quanto ao *DSM*, permite doravante, graças à extensão crescente de suas classificações (306 contra 108, há dois anos), esquadrinhar a população norte-americana e, por que não, a população mundial. Em virtude de envolver todos os comportamentos humanos, ele tende a incluir qualquer sujeito numa categoria que o designe como doente mental, desde a criança agitada na escola, à qual se dá um psicotrópico, até o tabagista ou o alcoólatra, acusados de danos à sociedade, passando pelas pessoas rotuladas como depressivas, narcísicas, fóbicas etc. No ritmo em que vão as coisas, pode-se imaginar inserir nos cinco eixos do *DSM*[12] – e isso já se faz – todos os comportamentos ligados ao prazer, ao desejo, ao sucesso ou ao gozo. Eles podem muito bem ser efetivamente incluídos na noção moderna dita de dependência ou adição; adição à morte para os suicidas, adição à alimentação para os bulímicos, adição ao sexo para os adeptos do adultério ou dos parceiros múltiplos, adição à vida conjugal para os casais duradouros e fiéis, adição à competitividade para os esportistas, estejam ou não drogados, adição à celebridade para as estrelas da televisão, adição ao fracasso para aqueles que não conseguem ser bem-sucedidos etc.

---

12 O *DSM* comporta cinco eixos: o eixo I descreve os sintomas clínicos; o eixo II, os traços da personalidade; o eixo III, os distúrbios ou afecções físicas; o eixo IV, as severidades dos fatores de estresse psicossociais; o eixo V, a avaliação global do funcionamento psicológico, social e profissional, o que leva a uma avaliação global segundo a qual cada sujeito é "avaliado" experimentalmente segundo um comportamento que remete a cada um dos eixos.

Digna de Pai Ubu, essa nomenclatura faz pensar naquela outra, objeto de zombaria de Michel Foucault em 1975 em sua denúncia do periciamento psiquiátrico.[13] Enquanto sistema a-teórico inventado por antifreudianos, o *DSM* substituiu claramente a autoridade enfraquecida da família. Generalizou-se como um instrumento de coerção visando psiquiatrizar a condição humana em nome de um higienismo paternalista e de uma proteção do corpo social contra si próprio: Narciso contra Narciso. Nessa perspectiva, cada nova classificação engendra um novo culto de si.

Depois de abolir os critérios da norma e da patologia para incluir nas patologias o curso ordinário da vida, esse sistema começa, muito felizmente, a ser denunciado nos Estados Unidos pela imprensa e pelos clínicos – eles próprios transformados em vítimas – no momento em que conhece sua maior expansão mundial.

▪

Ao mesmo tempo em que florescia, esse culto de si e suas derivas terapêuticas já eram aliás violentamente criticados, nos Estados Unidos, pelos herdeiros ou partidários da escola de Frankfurt, em especial por Herbert Marcuse. Para compreender sua posição, convém inscrevê-la na esteira da polêmica lançada por Adorno em 1946 contra o neofreudismo

---

[13] Michel Foucault, "Les Anormaux", in *Cours au Collège de France, 1974-75*, Paris, Gallimard/Seuil, 1999 [ed. bras.: "Os anormais", in *Resumo dos cursos do Collège de France, 1970-82*, Rio de Janeiro, Jorge Zahar, 1997].

e o culturalismo, isto é, contra o procedimento daqueles que – de Karen Horney a Erich Fromm – "revisavam" a doutrina freudiana no sentido de uma redução do isso em benefício do eu, de um abandono da teoria das pulsões e de uma rejeição da sexualidade. Ao confundir cultura e psique, os neofreudianos só faziam renovar, segundo Adorno, o princípio de uma adaptação social em conformidade com os ideais da sociedade industrial.

Em 1955, em *Eros e civilização*,[14] Marcuse retomou essa argumentação ao mesmo tempo em que invertia a concepção freudiana das pulsões. Em lugar de ver na pulsão de morte o motor principal do destino humano, sustentava que o *eros* (ou princípio de prazer) era a única força capaz de lutar contra a ordem estabelecida (princípio de realidade) e contra *thanatos*, fonte de todas as resignações e pessimismos. Tratava-se aí, exatamente como fazia Lacan na mesma época, mas por outros meios, de restituir ao freudismo o estatuto de doutrina subversiva que ele perdera em virtude de se suavizar ao contato das psicoterapias higienistas produzidas pelas sociedades industriais normalizadas.

Marcuse pregava assim uma teoria da liberação que conduzia à concepção de uma sociedade fundada na superação dos conflitos e à possível "pacificação da existência". Essa utopia afastava-se de fato da *Teoria crítica* de Adorno e Horkheimer, muito próxima da tese freudiana da pulsão de morte. A obra de Marcuse obteve grande sucesso no mundo

[14] Herbert Marcuse, *Eros e civilização*, op.cit.

inteiro, no momento das grandes revoltas estudantis dos anos 1965-70. Logo Marcuse acrescentou uma segunda janela a essa obra, *O homem unidimensional*,[15] que ia em sentido oposto às suas teses precedentes e se apresentava como muito mais freudiana que *Eros e civilização*. Longe de pregar uma possível superação dos conflitos, o filósofo manifestava franca hostilidade a qualquer forma de unificação do pensamento, a qualquer pretensão de um mundo unificado, narcísico e espelhado em si mesmo. Ao apontar que o homem unidimensional da sociedade industrial perdera todo seu poder de negação em virtude de se submeter aos imperativos de uma falsa consciência, ele convocava as massas a reatar com a ética da grande recusa e se revoltar contra a ordem social dominante em nome de uma nova estética da existência.

▪

Essa mensagem me parece válida ainda hoje. No entanto, não basta questionar o culto de si para restaurar o espírito de rebelião necessário a toda forma de vida social. Na realidade, os novos sofrimentos psíquicos ligados a esse avanço do narcisismo nas sociedades industriais contemporâneas não

[15] Herbert Marcuse, *One-Dimensional Man*, Boston, Beacon, 1964 [ed. bras.: *A ideologia da sociedade industrial: o homem unidimensional*, Rio de Janeiro, Zahar Editores, 1973, esgotado]. Ver também Martin Jay, *The Dialectical Imagination: A History of the Frankfurt School and the Institute of Social Research 1923-1950*, Boston, Beacon, 1973 [ed. bras.: *A imaginação dialética*, Rio de Janeiro, Contraponto, a sair].

são apenas a expressão de uma onipotência destruidora da civilização, nem de uma regressão que inverteria a marcha do progresso rumo a um puro niilismo. Através desses sofrimentos exprime-se também uma revolta do sujeito contra as respostas categoriais dadas a suas angústias por um sistema de classificações aberrante. Encontramos seu traço sobretudo na maneira como as minorias reproduzem um novo modelo de exclusão, subjugando-se aos princípios de uma reivindicação narcísica: culto de si ou de sua comunidade, culto de gueto, fechamento, ódio de si e do outro.

Poderia muito bem ser o caso, porém, de o culto de si manifestado por tais atitudes não passar do sintoma da angústia de Narciso descobrindo a vaidade de sua imagem no espelho. Essa angústia poderia então se transformar em uma revolta contra o culto de si erigido em sistema, e a psicanálise poderia, ao mesmo tempo, por sua capacidade de desconstrução do narcisismo, voltar a ser o instrumento de uma rebelião do sujeito contra a absorção de sua imagem a ele infligida pela barbárie das classificações e dos despedaçamentos. Sob a condição, todavia, de que se ponha na escuta desses novos sofrimentos em vez de condená-los com um discurso de imprecações visando a restaurar o modelo de uma normatividade perdida. O mal-estar da civilização, exprimido pelo culto de si, poderia então voltar a ser um avanço da civilização sobre a barbárie.

Coleção Transmissão da Psicanálise

Não Há Relação Sexual
Alain Badiou e Barbara Cassin

Fundamentos da Psicanálise
de Freud a Lacan
(4 volumes)
Marco Antonio Coutinho Jorge

Histeria e Sexualidade

Transexualidade
Marco Antonio Coutinho Jorge; Natália Pereira Travassos

Por Amor a Freud
Hilda Doolittle

A Criança do Espelho
Françoise Dolto e J.-D. Nasio

O Pai e Sua Função em Psicanálise
Joël Dor

Introdução Clínica a Freud

Introdução Clínica à
Psicanálise Lacaniana
Bruce Fink

A Psicanálise de Crianças
e o Lugar dos Pais
Alba Flesler

Freud e a Judeidade
Betty Fuks

A Psicanálise e o Religioso
Phillipe Julien

Alguma vez é só sexo?

Gozo

O Que É Loucura?

Simplesmente Bipolar
Darian Leader

Freud e a descoberta
do inconsciente
Octave Mannoni

5 Lições sobre a
Teoria de Jacques Lacan

9 Lições sobre Arte e Psicanálise

Como Agir com um
Adolescente Difícil?

Como Trabalha um Psicanalista?

A Depressão É a Perda de uma Ilusão

A Dor de Amar

A Dor Física

A Fantasia

Os Grandes Casos de Psicose

A Histeria

Introdução à Topologia de Lacan

Introdução às Obras de Freud,
Ferenczi, Groddeck, Klein,
Winnicott, Dolto, Lacan

Lições sobre os 7 Conceitos
Cruciais da Psicanálise

O Livro da Dor e do Amor

O Olhar em Psicanálise

Os Olhos de Laura

Por Que Repetimos os Mesmos Erros?

O Prazer de Ler Freud

Psicossomática

O Silêncio na Psicanálise

Sim, a Psicanálise Cura!
J.-D. Nasio

Freud e a descoberta do inconsciente
Octave Mannoni

Guimarães Rosa e a Psicanálise
Tania Rivera

A Análise e o Arquivo

Dicionário Amoroso da Psicanálise

Em Defesa da Psicanálise

O Eu Soberano

Freud — Mas Por Que Tanto Ódio?

Lacan, a Despeito de Tudo e de Todos

O Paciente, o Terapeuta e o Estado

A Parte Obscura de Nós Mesmos

Retorno à Questão Judaica

Sigmund Freud na sua Época
e em Nosso Tempo
Elisabeth Roudinesco

O Inconsciente a Céu Aberto da Psicose
Colette Soler

ESTA OBRA FOI COMPOSTA POR TOPTEXTOS EDIÇÕES GRÁFICAS EM ADOBE CASLON PRO E IMPRESSA EM PROCESSO SOB DEMANDA PELA UM LIVRO SOBRE PAPEL OFFSET PARA A EDITORA SCHWARCZ A PARTIR DE 2024

FSC
www.fsc.org
MISTO
Apoiando o manejo florestal responsável
FSC® C128038

A marca FSC® é a garantia de que a madeira utilizada na fabricação do papel deste livro provém de florestas que foram gerenciadas de maneira ambientalmente correta, socialmente justa e economicamente viável, além de outras fontes de origem controlada.